中国史话

近代区域文化系列

澳门史话

A Brief History of Macao

邓开颂　陆晓敏　杨仁飞 / 著

社会科学文献出版社
SOCIAL SCIENCES ACADEMIC PRESS (CHINA)

图书在版编目（CIP）数据

澳门史话/邓开颂，陆晓敏，杨仁飞著. —北京：
社会科学文献出版社，2011.9
（中国史话）
ISBN 978 - 7 - 5097 - 2394 - 4

Ⅰ.①澳…　Ⅱ.①邓…　②陆…　③杨…　Ⅲ.①澳
门 - 地方史　Ⅳ.①K296.59

中国版本图书馆 CIP 数据核字（2011）第 111403 号

"十二五"国家重点出版规划项目

中国史话·近代区域文化系列

澳门史话

著　　者／邓开颂　陆晓敏　杨仁飞

出 版 人／谢寿光
总 编 辑／邹东涛
出 版 者／社会科学文献出版社
地　　址／北京市西城区北三环中路甲 29 号院 3 号楼华龙大厦
邮政编码／100029

责任部门／人文科学图书事业部　（010）59367215
电子信箱／renwen@ ssap. cn
责任编辑／周志宽
责任校对／黄　丹
责任印制／岳　阳
总 经 销／社会科学文献出版社发行部
　　　　　（010）59367081　59367089
读者服务／读者服务中心（010）59367028

印　　装／北京画中画印刷有限公司
开　　本／889mm×1194mm　1/32　印张／6
版　　次／2011 年 9 月第 1 版　　　字数／108 千字
印　　次／2011 年 9 月第 1 次印刷
书　　号／ISBN 978 - 7 - 5097 - 2394 - 4
定　　价／15.00 元

总　序

　　中国是一个有着悠久文化历史的古老国度，从传说中的三皇五帝到中华人民共和国的建立，生活在这片土地上的人们从来都没有停止过探寻、创造的脚步。长沙马王堆出土的轻若烟雾、薄如蝉翼的素纱衣向世人昭示着古人在丝绸纺织、制作方面所达到的高度；敦煌莫高窟近五百个洞窟中的两千多尊彩塑雕像和大量的彩绘壁画又向世人显示了古人在雕塑和绘画方面所取得的成绩；还有青铜器、唐三彩、园林建筑、宫殿建筑，以及书法、诗歌、茶道、中医等物质与非物质文化遗产，它们无不向世人展示了中华五千年文化的灿烂与辉煌，展示了中国这一古老国度的魅力与绚烂。这是一份宝贵的遗产，值得我们每一位炎黄子孙珍视。

　　历史不会永远眷顾任何一个民族或一个国家，当世界进入近代之时，曾经一千多年雄踞世界发展高峰的古老中国，从巅峰跌落。1840 年鸦片战争的炮声打破了清帝国"天朝上国"的迷梦，从此中国沦为被列强宰割的羔羊。一个个不平等条约的签订，不仅使中国大量的白银外流，更使中国的领土一步步被列强侵占，国库亏空，民不聊生。东方古国曾经拥有的辉煌，也随着西方列强坚船利炮的轰击而烟消云散，中国一步步堕入了半殖民地的深渊。不甘屈服的中国人民也由此开始了救国救民、富国图强的抗争之路。从洋务运动到维新变法，从太平天国到辛亥革命，从五四运动到中国共产党领导的新民主主义革命，中国人民屡败屡战，终于认识到了"只有社会主义才能救中国，只有社会主义才能发展中国"这一道理。中国共产党领导中国人民推倒三座大山，建立了新中国，从此饱受屈辱与踩躏的中国人民站起来了。古老的中国焕发出新的生机与活力，摆脱了任人宰割与欺侮的历史，屹立于世界民族之林。每一位中华儿女应当了解中华民族数千年的文明史，也应当牢记鸦片战争以来一百多年民族屈辱的历史。

当我们步入全球化大潮的21世纪，信息技术革命迅猛发展，地区之间的交流壁垒被互联网之类的新兴交流工具所打破，世界的多元性展示在世人面前。世界上任何一个区域都不可避免地存在着两种以上文化的交汇与碰撞，但不可否认的是，近些年来，随着市场经济的大潮，西方文化扑面而来，有些人唯西方为时尚，把民族的传统丢在一边。大批年轻人甚至比西方人还热衷于圣诞节、情人节与洋快餐，对我国各民族的重大节日以及中国历史的基本知识却茫然无知，这是中华民族实现复兴大业中的重大忧患。

中国之所以为中国，中华民族之所以历数千年而不分离，根基就在于五千年来一脉相传的中华文明。如果丢弃了千百年来一脉相承的文化，任凭外来文化随意浸染，很难设想13亿中国人到哪里去寻找民族向心力和凝聚力。在推进社会主义现代化、实现民族复兴的伟大事业中，大力弘扬优秀的中华民族文化和民族精神，弘扬中华文化的爱国主义传统和民族自尊意识，在建设中国特色社会主义的进程中，构建具有中国特色的文化价值体系，光大中华民族的优秀传统文化是一件任重而道远的事业。

当前，我国进入了经济体制深刻变革、社会结构深刻变动、利益格局深刻调整、思想观念深刻变化的新的历史时期。面对新的历史任务和来自各方的新挑战，全党和全国人民都需要学习和把握社会主义核心价值体系，进一步形成全社会共同的理想信念和道德规范，打牢全党全国各族人民团结奋斗的思想道德基础，形成全民族奋发向上的精神力量，这是我们建设社会主义和谐社会的思想保证。中国社会科学院作为国家社会科学研究的机构，有责任为此作出贡献。我们在编写出版《中华文明史话》与《百年中国史话》的基础上，组织院内外各研究领域的专家，融合近年来的最新研究，编辑出版大型历史知识系列丛书——《中国史话》，其目的就在于为广大人民群众尤其是青少年提供一套较为完整、准确地介绍中国历史和传统文化的普及类系列丛书，从而使生活在信息时代的人们尤其是青少年能够了解自己祖先的历史，在东西南北文化的交流中由知己到知彼，善于取人之长补己之短，在中国与世界各国愈来愈深的文化交融中，保持自己的本色与特色，将中华民族自强不息、厚德载物的精神永远发扬下去。

《中国史话》系列丛书首批计 200 种，每种 10 万字左右，主要从政治、经济、文化、军事、哲学、艺术、科技、饮食、服饰、交通、建筑等各个方面介绍了从古至今数千年来中华文明发展和变迁的历史。这些历史不仅展现了中华五千年文化的辉煌，展现了先民的智慧与创造精神，而且展现了中国人民的不屈与抗争精神。我们衷心地希望这套普及历史知识的丛书对广大人民群众进一步了解中华民族的优秀文化传统，增强民族自尊心和自豪感发挥应有的作用，鼓舞广大人民群众特别是新一代的劳动者和建设者在建设中国特色社会主义的道路上不断阔步前进，为我们祖国美好的未来贡献更大的力量。

陈奎元

2011 年 4 月

⊙邓开颂

作 者 小 传

邓开颂，上饶永善村人，1941年11月生，1965年毕业于中山大学历史学专业。广东省社会科学院研究员，兼任中国商业史学会副会长、粤港澳商业史分会会长、中国对外贸易史分会副会长、中国中外关系史学会学术委员和广东饶平客属海外联谊会会长等。多年来，从事澳门、香港、粤港澳关系和广东明清经济史的研究，曾主持或参与完成国家、省重点科研项目多项。主要著作有：《澳门历史》等三部。主编或双主编的著作有：《粤港澳近代关系史》等23部。发表论文《葡萄牙占领澳门的历史过程》等100余篇。多次赴美国、葡萄牙及我国港、澳、台等地考察、讲学，进行学术交流。

⊙杨仁飞

作者小传

　　杨仁飞，女，浙江宁波人。1985、1988 年获山东大学历史系学士、硕士学位，2005 年获厦门大学南洋研究院博士学位。现任职厦门市台湾学会。已出版著作有:《澳门近代化历程》（专著）、《中国澳门》、《粤港澳近代关系史》、《澳门通史》、《二战以后东南亚华族社会地位变化》、《澳门史新编》（合著）等，发表《清中叶前的澳门平民阶层及社会流动》等数十篇近百万字论文。其中《粤港澳近代关系史》1997 年获广东省"五个一"工程奖、《二战以后东南亚华族社会地位变化》获 2005 年福建省第六届社科优秀成果三等奖。

目　录

一　澳门问题的由来 …………………………… 1

1. 澳门的得名 ……………………………………… 1

2. 历代建制与最早的居民 ……………………… 4

3. "佛郎机"东来 ……………………………… 6

4. 葡人入居 ……………………………………… 9

5. 明清政府对澳门的管理 …………………… 13

6. 明清大吏巡视澳门 ………………………… 16

7. 林则徐澳门禁烟 …………………………… 19

8. 鸦片战争与澳门 …………………………… 23

9. 阿玛勒侵权扩张 …………………………… 26

10. 义士复仇 …………………………………… 30

11. 基马拉士殖民梦 …………………………… 33

12. "永居管理"澳门 ………………………… 36

13. "二辰丸"交涉 …………………………… 40

14. 勘界谈判 …………………………………… 44

15. "五二九"事件与澳门工运 ……………… 47

16. 澳门的政治机构 …………………………… 51

二 澳门经济 ·········· 55

1. 罪恶的鸦片走私 ·········· 55

2. 猖獗一时的苦力贸易 ·········· 58

3. 填海造地 ·········· 61

4. 都市初起 ·········· 64

5. 港口与灯塔 ·········· 67

6. 战后复兴 ·········· 71

7. 当代澳门经济 ·········· 74

8. 澳门中华总商会 ·········· 86

三 澳门文化与社会 ·········· 90

1. 印光任、张汝霖著《澳门纪略》 ·········· 90

2. 妈阁古庙 ·········· 93

3. 贾梅士与贾梅士博物院 ·········· 97

4. "东方梵蒂冈"与大三巴牌坊 ·········· 100

5. 马礼逊与基督新教的传入 ·········· 103

6. 风情画家钱纳利 ·········· 107

7. 幸运博彩 ·········· 110

8. 妓寨的变迁 ·········· 113

9. 赛马、跑狗和大赛车 ·········· 117

10. 镜湖医院 ·········· 120

四 澳门与中国内地 ·········· 124

1. 郑观应与澳门 ·········· 124

2. 康有为、梁启超与澳门 ·········· 127

3. 孙中山与澳门 ·········· 131

4. 救亡高潮 ················ 135

5. 孤岛岁月 ················ 139

五　澳门回归之路 ················ 143

1. 收复澳门的回顾 ················ 143

2. 新中国对澳门的政策 ················ 147

3. 中葡联合声明的签署 ················ 151

4. 澳门基本法的制定 ················ 155

5. 澳门回到祖国怀抱 ················ 164

参考书目 ················ 167

一 澳门问题的由来

澳门位于广东省珠江三角洲的南端，东隔珠江口同香港相望，西接磨刀门，南对南中国海，北面以关闸为界同今珠海市的拱北接壤。它包括澳门半岛、凼仔、路环三部分，目前全境面积约 23 平方公里，人口总数约 43 万。

澳门的得名

据地理学家研究，远古时代的澳门是一个小岛，孤悬海中。后来由于西江泥沙的冲积，日积月累，在大陆与小岛间形成一道沙堤，澳门于是成为一个与大陆一径相连的半岛。

澳门古称蠔镜。蠔镜本为蠔的外壳的一部分，平滑如镜，故名。而澳门之所以得名蠔镜，据后世学者们的解释，原因大约有二：一是因澳门地处海口咸淡水交汇处，产蠔甚多；二是因其南部有南北两个海湾，"规圜如镜"。后来由于"蠔"字以虫为偏旁，颇为不雅，文人们便易"蠔"为"濠"或"壕"了。

1

现存史籍中最早关于蠔镜的记载是在葡萄牙人皮雷斯于 1514 年所著的《东方志》（Suma Oriental）中，书中记道："除广州港口之外，另有一港名蠔镜（Oquen），陆行三日程，海行一日一夜。"

在写作《东方志》之时，皮雷斯尚未来过中国，但他已去过马六甲、爪哇等地。他关于蠔镜的记载，主要是根据在马六甲经商的中国人所提供的资料，但无论来源如何，至少可以说明，蠔镜之名在明正德年间之前早已存在。

在中国史籍中，记载蠔镜一名最早的是成书于 1561 年由黄佐所撰的《广东通志》，其中云"布政司案查得递年暹罗并该国管下甘蒲沰、六坤州与满剌加、顺搭、占城和国夷船或湾泊新宁广海、望峒，或新会奇潭、香山浪白、蠔镜、十字门……"

而澳门一名见于记载最早者是 1564 年庞尚鹏的《题为陈来议以保海隅万世治安疏》。疏中写道："广州南有香山县，地当濒海。由雍陌至蠔镜澳，计一日之程。有山对峙如台，曰南北台即澳门也。外环大海，接于壬河，曰石峡海，乃番奏市舶交易之所。"

不过庞氏在这里虽记了澳门之名，但并未对此名作更多的解释。到清初，屈大均在其所著《广东新语》中对此就说得比较清楚了。他说："凡番船停泊，必以海滨之湾环者为澳。澳者，舶口也。香山故有澳名，曰浪白，广百余里，诸番互市其中。嘉靖间，诸番以浪白辽远，重贿当事，求蠔镜为澳。蠔镜在虎门外，去香山东南百二十里，有南北两湾，海水环之，番人

2

于二湾中聚众筑城，自是……诸澳悉废，而蠔镜独为舶薮。自香山城南以往二十里，一岭如莲蓬，逾岭而南至澳门，则为莲叶……澳有南台、北台，台者山也。以相对，故谓澳门。"

屈氏的这段记载，对澳门的得名作了较详细的叙述。其要点是：澳是舶口的通称，濠镜澳的南北有两山对峙，形状如澳之门，所以有澳门之称。这一说法，为后来的学人广为引用。不过，关于澳门之"门"所指何处还有另一种说法，那就是印光任和张汝霖在成书于 1751 年的《澳门纪略》中的解释："濠镜澳之名，著于明史，其曰澳门，则以澳门南有四山离立，海水纵横贯其中成十字，曰十字门，故合称澳门。"

显然，印、张两氏在这里是把凼仔、路环和大、小横琴等四座离岛所构成的"十字门"视为澳门之"门"得名的由来，实际上，由于史籍中所载澳门半岛上的南台北台究竟是指哪座山，"澳门"的"门"是否就是指十字门，从来就没有统一的看法，至今仍有争论。然而这并没有阻碍"澳门"这一名称的流行，大致从清代以后，"澳门"终于成为整个半岛的名称，而"濠镜"这一旧名也被舍弃不用了。

在西文中，澳门名称也颇特殊，西人没有采取对地名音译的通常做法，却把澳门称作"马交"，葡文写作 Macau，英文写作 Macao。这也有一番来历。葡萄牙人初到澳门时，在南端的天后庙处泊岸，其时澳门居民以福建籍为多，福建人称天后庙为"阿妈阁"，葡人以为这是当地地名，便将半岛称为 Amacuao 或

Amacao，与阿妈阁谐音。后来字头 A 被逐渐省略而写成 Macao，最后转化为 Macau，成为西方各国对澳门共同的称呼和译名。

历代建制与最早的居民

澳门自古便是中国的领土。早在 2200 多年前，它已被正式绘入中国的版图。

公元前 214 年，秦统一岭南，并首次在此地设立桂林、南海、象郡等三郡。其中南海郡跨粤东、粤中及粤北大部，下设番禺、博罗、四会、龙川四县。古代澳门就在番禺县境内。此后直至北宋年间，随着中央政府在岭南的行政设置的变化，澳门的归属也多次改变。大体来说，晋代属东官郡，隋朝属南海县，唐以后属东莞县。1152 年，这在澳门建制史上是个具有重要意义的年份。这一年，南宋政府将南海、番禺、新会、东莞等四县各划出一部分建立了香山县，是为香山设县之始。澳门也从此隶属香山县，并被划归于延福里恭字转，后又改归长安乡恭常都，直至近代。

澳门半岛背靠大陆，三面临海，这种优越的自然生态环境为古代居民在此居住提供了良好的条件。近年来，在半岛附近的唐家、金鼎、香洲、南屏、湾仔、前山、南水等地都发现了距今五六千年的沙丘遗址，有石斧、石锛、陶罐、陶釜、陶豆等文物出土。尤其是在路环岛的黑沙，经多次发掘，先后有粗糙的陶皿残片、未经琢磨的石英手环断节和玉髓刮削器以及彩陶碎片和石斧等出土，还发现一处新石器时代晚期的玉石作坊遗址。其中彩陶经测定，已证实其年代为公元前 4960～前 4430 年。这说明，远在 6000 多年前，黑沙一带已是我国古代先民居住、活动的重要地区。

到南宋末年，澳门半岛上可能已有居民定居。相传位于澳门北边沙梨头的土地庙——永福古社，便始建于此时。半岛附近则成为宋军抗元的最后阵地。公元 1276 年，元军攻破南宋首都临安（今杭州），恭帝赵显被俘。宋大臣陆秀夫、张世杰等拥幼主赵昰并率数十万军民分乘大小船舶 2000 多艘南逃广东，在元军进逼下先退至秀山（今虎门），后又退至井澳（今大横琴岛）海面。在井澳以及九澳、凼仔等海面上，宋、元两军曾发生大战，宋军获小胜。此后宋军又移至崖山，并在此被元军歼灭。有学者认为，退到十字门和崖山的南宋军民中，完全可能有人为汲取淡水、寻找食物踏上澳门半岛。崖山兵败后，残存的南宋军民更有可能将澳门作为藏身之地。也有人认为，宋末元初的这段历史，说明当时澳门半岛已有相当的人丁居住，并非荒岛。

如果说，由于历史资料的缺乏，南宋末年居民定居澳门还只是一种推测，那么明朝初年澳门已有定居居民出现则已得到了来自多方面的史料的证实。明初洪武年间，明政府在平定大横琴一带的海寇后，因该岛山势幽峻，易于伏寇，下诏严禁百姓在岛上居住，但对大横琴岛以外的地区，包括澳门半岛，均允许百姓自由定居。海寇的清除、朝廷的开禁，无疑为居民前来澳门定居提供了必要的条件，根据清乾隆年间的《重修澳门望厦村普济禅院碑记》所载，望厦村赵氏一族的祖先便是明初来此定居的。这篇赵氏后人所撰的碑记称："家自闽宦，改官粤之香山，遂世居澳地。"另据资料，这位"改官粤之香山"的赵氏祖先名赵彦方，浙江金华浦江县人，1386 年任香山县令，几年后死于任上。其子孙之一支便来到澳门居住，成为当地的大族。

至于到 16 世纪中期，葡萄牙人第一次登上澳门时，半岛上已有人口 400 人左右。北部望厦村周围耕地环绕，村民们日出即起，日落而息；半岛的南部，是一片渔村，居民们主要靠割蠔、捕鱼为生。在海湾入口处，有两座建筑物，一座是当地渔民所建造的奉祀海神天妃的天妃庙，即妈阁庙。另一座则是由当地政府向渔民征税的河舶所。半岛的居民们就这样平静地生活着，缓慢地发展着，然而，葡萄牙人的东来，终于改变了澳门历史的发展进程。

3 "佛郎机"东来

从 15 世纪初起，为了寻求黄金与香料，以及找寻传说中的居住在东方的基督教王约翰及其王国，葡萄牙人在强有力的国家政权的推动和支持下，开始了以探索东方航路为主要内容的海外扩张活动。经过近一个世纪的努力，葡萄牙人终于在 15 世纪末发现了绕过好望角直达印度和东方各国的新航线。此后十数年里，葡萄牙人沿着这条航线大举东进，先后在印度的果阿和马六甲建立殖民统治，在科伦坡、苏门答腊、爪哇、加里曼丹等地建立商站，完全控制了整个印度洋的海上贸易，尤其是在占领马六甲后，葡萄牙人充分利用马六甲与中国曾有长期友好关系这一特点，通过在马六甲经商的中国商人搜集了许多有关中国的情报，并诱使他们为其充当翻译和向导，为进入中国作了较充分的准备。

明正德年间葡萄牙人进入中国，对此中国的史籍中多有记载。由于当时的中国人对西方世界所知极少，更无法辨别这些西方人来自何地，因此便采用了伊斯兰民族对欧洲人的泛称来称呼到来的葡萄牙人，即称其为"佛郎机"（也写作"佛朗机"）。

据中葡史籍的记载，"佛郎机"东来后同中国发生的最早的交往、接触和冲突，主要有以下数次。

阿尔瓦利斯到屯门贸易　阿尔瓦利斯（Jorge Alvares）是第一位来华的葡萄牙人，他于 1513 年夏至 1514 年初自庇古航抵广东东莞县的屯门（现在香港境内）进行香料贸易。当地中国官员允许他们贸易，但不许他们登岸。但阿氏还是偷偷地在岛上竖立了一根标柱，这是一种用里斯本附近开采的大理石做成的石柱。柱身上刻有地理发现者的姓名、发现的日期以及派遣探险队的国王的姓名，是葡萄牙为纪念"发现"某地并对该地拥有优先权的专用标志。

皮雷斯使团来华　1517 年 6 月，葡萄牙方面派出国王特使皮雷斯随同安德列德率领的舰队来华。葡国此举虽然是有意建立中葡间的官方联系，但事与愿违，葡萄牙殖民者的海盗行为，使中葡政府间的首次交往以破裂而告终。同年，8月葡舰队到达珠江口，并进驻屯门岛。然后，皮雷斯与安德列德一方面通过当地官员告知中国当局，他们想晋见中国皇帝；另一方面却擅自率三艘船溯珠江直达广州，在怀远驿前抛锚停泊，并在岸边鸣炮升旗，"铳声如雷"，惊动了当地官员和居民。

由于皮雷斯伪称自己是马六甲国王的"遣礼使臣"，又以重金贿赂了明武宗身边正得宠的宦官江彬，终于获准入京。1520年1月，皮雷斯一行由广州启程北上，5月到达南京。在南京，皮雷斯一行被引见于南巡来宁的明武宗，皮雷斯的翻译"火者亚三"能言善语，博得明武宗的欢心，最后，皮雷斯等同明武宗一起回到北京。但到北京后不久，各种对葡使团不利的因素便接连而生。一是皮雷斯的翻译火者亚三恃宠生娇，行为跋扈飞扬，激起朝廷不满。二是留在屯门的葡萄牙人在1519年率远征队而来的西蒙的指挥下，侵犯中国政府在该地的主权，大肆进行走私、拦劫过往船只，甚至掠卖人口。广东地方官员纷纷将葡人海盗行为上奏朝廷。三是马六甲流亡国王的特使到达北京，报告了马六甲亡国的经过，揭穿了皮雷斯等冒充马六甲使臣的真面目。最后使葡使陷入绝境的是明武宗突然病死，江彬在权力斗争中被杀，皮雷斯等失去了后台。不久，火者亚三被捕下狱，在供认了自己本是华人，"为番人所使"后即被处决，皮雷斯及其使团也

"绝其朝贡"，被赶回广州。后皮雷斯被中国政府监禁并死于狱中。

屯门之战　皮雷斯使团被逐出北京后，广东海道副使汪铉进驻与屯门仅一海之隔的东莞南头镇，并以50艘战船对屯门形成半圆形包围。6月15日明军发动了进攻。汪铉指挥果断，战术灵活，葡军虽然陆续有远征队到来加入作战，仍然伤亡惨重，9月8日凌晨，葡人将残军集中到三艘军舰上趁黑夜奋力突围，激战中海上突起风暴，葡军趁机逃脱。次年7月，葡萄牙又派出舰队来到中国南海地区，与中国水师在新会西草湾一带相遇。葡方声称带来货物希望同中国贸易，中方则拒绝葡方重返屯门的要求，双方发生激战。中国水师"生擒别都卢、世利等四十二人，斩首三十五级，俘被掠男女十人，获其十舟"。葡方其余军舰突围逃走。

屯门之战以后，葡萄牙人被迫改向浙闽沿海活动。屯门战役使葡萄牙人认识到，中国国力强大，并非他们能轻易以武力相征服，这成为后来葡人以行贿等手段入居澳门的因由。

🌥 **4　葡人入居**

在将"佛郎机"赶出广东之后，明朝政府诏令"佛郎机"人不得进贡，同时拒绝东南亚各国来广州贸易。但这样一来，"广之市井肃然"，"自是海舶悉行禁止，例应入贡诸番亦鲜有至者"。政府税收急剧减少，民间商贸也深受影响。为了改变这种"蕃舶不至，则公私皆窘"的局面，1529 年，两广巡抚林富上疏要求重开广东市舶获准，广州于是重新成为通商口岸。

鉴于"佛郎机"的船只曾直接闯到广州城下的教训，广东海禁重开后，明政府命令各国商船来广东后，"在广州各洋澳驻歇"，等候官府处置。这些洋澳当时共有近十个之多，濠镜澳也即澳门便是其中之一。其余则还有新宁广海、望峒，新会奇潭，香山浪白十字门，东莞鸡栖、屯门、虎头村等。凡外国商船到澳后，官方先层层上报，然后由官员前去"抽分"即抽税。税率一般为十分抽二，其余货物则听任外商与中国商人自由贸易。有些外商因货物未脱手，需要在澳门过冬，当地官员则允许他们上岸搭建一些临时建筑，离澳时再将这些临时建筑拆除。后来在洋澳内暂住进行贸易的外商日益增多，当他们离澳时，这些临时建筑也不再拆除，而是被转让给其他人。

广东重开海禁后，本来已离开广东到浙闽沿海活动的葡萄牙人也因被当地官府所逐而回到广东。他们先后进入新会（今属台山）的上川岛和香山的浪白，以冒充他国商人、贿赂中国官员等手段，获准在这两地暂住和贸易。但由于这两地都存在着交通不便、补给困难、风浪较大和离广州太远等缺点，葡萄牙人最终还是将其舍弃，而将目标转向澳门。

葡萄牙人究竟于何时和如何进入澳门，历来存在着多种说法。当代中国学者一般认为，葡萄牙人是在1553 年贿赂了当地重要官员才得以在澳门居住的。以下是这一观点所依据的两则史料：

> 　　嘉靖三十二年，夷舶趋濠镜者，言舟触风涛
> 缝裂，水湿贡物，愿借地晾晒。海道副使汪柏徇
> 贿许之。时仅篷累数十间，后工商牟利者始渐运
> 砖瓦木石为屋，若聚落然。自是诸澳俱废，濠镜
> 为舶首矣。

> 　　（嘉靖）三十二年，番舶托言舟触风涛，愿借
> 濠镜地曝圣经诸水渍贡物。海道副使汪柏许之。
> 初仅芨舍，商人牟奸利者渐运瓴壁棣角为屋。佛
> 郎机遂得混入。高栋飞甍，栉比相望。久之遂专
> 为所据。番人之入居澳，自汪柏始。

葡萄牙文献中也有内容与此相吻合的原始资料。
葡萄牙中日船队总司令苏沙（Souza）于 1556 年致信
葡亲王路易士，详述了他与汪柏达成协议的过程：

> 　　我在 1552 年曾乘商船往中国。在业务中没有
> 多大进展，因为葡人被置于佛郎机之列，禁止利
> 用中国港口。我命令在中国海上的葡人不要登陆，
> 并且不要做任何对抗中国人的事情。然后，我进
> 行和平谈判，葡人答应缴纳各种税，所有葡人都
> 同意这种协定……和平协定及缴纳各种税是由广
> 州城海道（HaiTau）副使的命令决定的……就是
> 这个样子，我订立了和平协定，并决定了在中国
> 贸易的各种事情。因此，许多人做了买卖，并且

有些人利用这个机会安全地到广州城和别的地方去自由做买卖，通行无阻。

一些西方国家的史学家否认葡人行贿入居澳门这一历史事实，认为葡萄牙人是因协助中国驱逐海盗有功而获得澳门作为酬劳的。然而，不但在中国的文献资料，包括官书档案、私家著述中，不见有任何类似的记载，连主张这一说法的学者也从未在葡国文书档案中获得必要的支持。这一说法的始作俑者是葡萄牙耶稣会的曾德昭，他于 1613 年来到中国，其时距葡人入居澳门已达 60 年，曾既非目击者，也非当事人，只可能是得诸传闻。在他之后的那些支持者们更是以讹传讹，毫不足取了。

葡萄牙人到澳门后，开始并没向中国政府缴纳地租，只是每年向海道副使汪柏贿送白银 500 两。1571年汪柏调离广东，接任的海道副使发现此事，并将这500 两白银作为地租上交。葡萄牙人吉萨斯（Montalto de Jesus）在其著作中记述了征收地租的详细过程：

　　1573 年，葡萄牙人来澳门贸易时，海关收税官走出衙门列队接受葡人缴纳的税金，税官回送葡商一坛酒和一些糕点。翻译佩德罗·贡扎韦斯对海道副使说，葡人带来 500 两银子作为缴纳澳门的租金，海道副使当着其他官员的面表示同意，并连忙说道：这些银子将送入铁柜，因为那是供御用的财物。此后，每年 500 两租金之例就相沿下来。

关于葡人交纳地租一事，明代史籍中未有明确记载，清代记载却颇多，一般都认为葡人交纳澳门地租是在万历年开始，数额为 500 两白银另加 15 两火耗银。这与葡人的有关记载基本是吻合的。

总之，葡萄牙人于 1553 年入居澳门，1573 年起正式向中国政府交纳地租，开始了其租居澳门的时期。这一租居时期长达 276 年，直至鸦片战争后的 1849 年，澳门总督阿玛勒宣布停止向中国政府缴纳地租为止。

明清政府对澳门的管理

从葡萄牙人入居澳门之日起，明王朝内部就一直争论不断，官员们纷纷提出如何对付澳门葡人的各种方针。一种意见认为，应令葡人离开澳门，重回浪白澳去；另一种意见则主张用武力将葡人尽行驱逐；第三种意见则主张允许葡人居留澳门从事贸易，但应加强防范和管理。明朝政府最后采纳的是第三种意见，即"建城设官而县治之"的方针。至鸦片战争前，清政府执行的基本上也是这一方针。

概括起来说，明清两代政府对澳门的管理有以下若干方面。

一是设置官吏。明朝政府在澳门设提调（掌管查验外商船舶进出口、征收船钞、货税）、备倭（防止倭寇、掌管海贼、奸伪鞫捕事宜）和巡缉（掌管流动巡查、缉捕奸宄事宜）等三个行署，其官员统称守澳官或澳官。澳门的主要行政司法等职能，则由香山县知县主管。清代在此方面有进一步加强，1731年在香山县增设专管澳门的县丞一名，驻扎于莲花峰东北约一公里的前山寨。1743年又将县丞移驻望厦村，后来又移驻今澳门卢石塘与草堆街之间并设立官署。1744年清廷又将管理澳门事务的官员级别提高，增设"澳门海防军民同知"驻于前山寨，隶属广州府，其职责为"专理澳夷事务，兼管督捕海防"并统一指挥当地驻军，原驻澳门的香山县丞则为其属官，形成了从澳门县丞到澳门同知、再到广州知府这一管理体制。

二是制定法规。明清两代政府根据澳门各个时期的不同情况制订了多个具法律性质的章程和条例，责成居澳门的葡萄牙人遵守。

1611年，香山县令蔡善继草拟了《制澳十则》上呈两广总督张鸣岗。1613年，海道副使俞安胜和香山县令但启元在巡视澳门后，针对葡人的违法行为制订了《海道禁约》，后经张鸣岗等修订补充后被刻成石碑，立于议事亭中，令葡人永为遵守。其主要内容为：禁蓄养倭奴；禁买人口；禁兵船骗饷；禁接买私货；禁擅自建屋等。

1744年，首任澳门海防军民同知印光任订立和颁布《管理澳夷章程》七条，内容包括对外国商船的严格管理；严禁华民私入葡人居留区（澳内）；葡人向中国官府呈禀不得通过他人代为；严格限制葡人采买钉铁木石等料；严格管理在澳的中国工匠；在前山寨设立海防衙门，统一指挥各处兵营等。这些条款的执行，使中国政府对居澳葡人的管理更为严密。

1749 年，澳门同知张汝霖和香山县令暴煜议定《澳夷善后事宜条议》行之有效的一些条款，还增加了驱逐澳门居民中的从前犯案匪类，严格管理在澳快艇，严禁葡人擅自处罚华民，葡人犯罪须由中国官府审讯处理，严禁葡人窝藏内地犯罪者，严禁葡人出澳，严禁勾引华民入教等内容。这一"条例"还被用中葡两种文字刻成石碑，分别立于澳门议事亭和澳门县丞衙署。

明清政府正是通过实行上述章程、条例，才得以充分行使其对澳门的主权，实施对领土、军事、行政、司法和海关等的全面管理。

三是严加防范。在依据法规对居澳葡人实行日常的管理外，对防止澳门葡人肇事，明清政府还实行了严密的防范措施。

1574 年明朝政府在扼澳门与香山县咽喉的莲花峰上建立关闸，设官把守，初期每隔 5 日开放一次，后改为 15 日开放一次。澳门葡人所需的粮食和日常生活品，只有在开闸之日才可运入澳内；一旦澳内有事，便可断绝供应，以此来制约居澳葡人。

明清政府还不断加强澳门防务，从军事上控制居澳葡人。1614 年，明政府设参将于中路雍陌营，调千人戍守；1621 年，又改设参将于前山寨，兵员增至陆兵 700 名、水兵 1200 余名，分别在澳门的石龟潭、秋风角、茅湾口、桂碇角、横州、深井、九洲洋、老万山、狐狸洲、金星门等驻防。清朝初年仍派参将驻守前山寨，统领兵员 1000 名。1622 年，兵员增至 1500 名。1664 年增至 2000 名，并派一名副将（从二品武官）统领。

在对澳门行使主权和实行全面管治的前提下，明清政府也允许居澳葡萄牙人实行一定程度的自治。葡人的自治机构产生于其入居澳门后不久，几经变革，于 17 世纪初形成由市民选举产生的市议会和由果阿总督任命的兵头（总督）并存的体制，并持续了 200 年之久。应该指出，葡人将其在澳门的居留地作为葡萄牙城市并设驻总督等官职，都是对中国主权的侵犯。尽管如此，在鸦片战争结束前，居澳葡人的自治政权的实际职能还仅是维持居澳葡人内部的正常社会秩序，其权力不出其居留区。尽管葡人也时有破坏中国主权和违反中国法律的举动，但基本上是服从中国政府管辖的。这也是葡人自治政权得以存在，葡人得以租居澳门 300 年的一个重要因素。

6 明清大吏巡视澳门

在明清政府对澳门的全面管治中，政府要员巡视澳门也是一个重要的方面。数百年来多位封疆大吏巡阅了澳门，及时传达了中国政府对在澳葡人的政策及处理了重大问题，同时也显示了中国政府对澳门主权的拥有。

追溯历史，明清大吏巡阅澳门最早是从明朝末年开始的。1613 年两广总督张鸣岗鉴于澳门葡萄牙人骄悍不法，派遣海道副使俞安性、香山县知县但启元巡视澳门，与澳葡官员交涉，并勒令葡人自行举报违禁私蓄的"倭奴"（当时指日本浪人及与日本海盗有关的一些中国商人）。澳门葡人知道明政府抗倭立场坚定，为保住自己的利益，就向明政府交出日本人 123 名。俞安性等人"待以不杀，令归本国"，押送他们上了开往日本的商船。与此同时俞安性等惩罚了人口贩子，针对葡人多年来的不法行为制定了《海道禁约》，其中包括严禁葡人蓄养倭奴、禁拐卖人口、禁兵船骗饷、禁接买私货、禁擅建房屋等内容。翌年，两广总督张鸣岗、巡按御史周应期修订、补充、批准此禁约，并勒石立碑，在澳门议事亭（今澳门市政厅地方）树立；勒令葡人遵守。

明朝大吏到澳门巡视的尚不多，但在清朝后，清廷十分重视派高级官吏巡阅澳门，实施对澳门的管理。

早在 1864 年 3 月，康熙皇帝为了解开海禁的情况以及调查在各海口开放贸易适宜事项，曾派遣工部尚书杜臻、内阁学士石柱到福建、广东沿海地区巡视。两位大臣在两广总督吴兴祚、广东巡抚李士祯陪同下，曾在澳门巡视两天。他们登临大炮台、西望洋炮台视察，当时葡人"率其部人奏番乐以迎之……已而迎者益众，竞相放鸟枪，其声拉杂，将至馆，两台炮声大作，山谷为动"。两人在巡阅之后曾著《粤闽巡视记略》一书。康熙帝从中了解到澳门葡人希望早开海禁的愿望及葡人愿遵从中国法律及统治的有关情况。这次巡阅对当年康熙决定开放江南四大海关进行对外贸易提供了重要的决策依据。总督吴兴祚曾赋诗描写这次巡视的盛况："烟锁双城峙炮台，神威八面一时开，声惊百里撼山岳，始信鲸鲵不敢来。"

康熙、雍正、乾隆三朝到澳门巡视的官员不少。例如，1716年康熙帝派内臣李秉忠到澳门采购西洋物品。1717年广州将军管源忠与广东巡抚法海先后巡视澳门海口，加强海防巡查。1724年两广总督孔毓珣奉命到澳门巡查，认为对澳门葡人不可不严加防范。他向雍正帝建议将澳葡25艘商船编号给票，并一概不许其他外国人到澳门居住。1729年广东观风整俗使亦到澳门巡视，作了大量的调查，可惜其文稿今已失传。1745年分巡广南韶连道的薛馧到澳门，海防同知印光任陪同入城，着眼于澳门的海防。1784年广州知府张道源入澳并在妈阁庙题诗刻石，开一时之风气。张道源来澳主要是为处理澳葡官员强拆民居、殴伤中国居民的事而来的。

嘉庆、道光两朝，清廷多次派钦差大臣来处理澳门问题及严禁鸦片在澳门的制作加工、贩卖及储藏。

1808年两广总督吴熊光为镇压海盗事到澳门，澳葡曾提出不许中国盐船停泊内港及放宽贸易限制等之条件来协助清廷剿匪，吴熊光处置不当，致使事态扩大，并使英军闯入黄埔而被撤职。嘉庆帝急谕驱逐英军出澳门，调派永保为广东巡抚，命百龄为钦差专理此事。事后百龄改任为两广总督，并与新任广东巡抚韩崶一道到澳门稽查英军入侵的来龙去脉，对澳门周围加强军事力量。1811年和1818年，两广总督松筠及阮元分别为查禁鸦片到澳门。1821年阮元下令逮捕了澳门鸦片商叶恒树，迫使鸦片走私从澳门转移到伶仃洋。

1836年两广署布政使李恩泽、按察司李振翯为了解英人在澳门活动情形，制止英人在澳门陈兵之事而巡查澳门。

明清时期巡查澳门级别最高的官吏是钦差大臣林则徐。他于1839年9月3日与两广总督邓廷桢一起到澳门禁烟，受到葡人数百年来接待明清大吏所不曾有过的尊崇。

自明朝中叶以来至1840年前，明清大吏巡视澳门已成惯例，并逐渐形成一种独特的葡人迎送仪式："凡天朝官如澳，判事官（澳葡自治机构中专门与中国官员打交道的官员，又称理事官）以降阶迎于三巴门外（或关闸口），三巴炮台燃大炮，蕃兵肃队，一人鸣鼓，一人飐旗，队长为帕首，靴襦状，舞枪前导，及送亦如之。入谒则左右列坐。如登炮台则蕃兵毕陈，吹角演阵，犒之牛酒。其燃炮率以三或五、七发，致敬也。"明清大吏巡视澳门是澳门政治生活中的一桩大事，中葡人士皆十分重视。

7 林则徐澳门禁烟

"苟利国家生死以，岂因祸福避趋之"，这是民族英雄林则徐在禁烟运动中立下的誓言，表现了他威武不屈，维护国家尊严的英雄气概。这浩然正气赢得了中外人士的崇敬。

1838年冬林则徐奉道光帝之命，南下广东禁烟。次年6月的"虎门销烟"威震中外。林则徐在任的一年中，以罕见的政治远见、外交魄力处理禁烟问题，以敏锐的洞察力注意到澳门是禁烟运动的关键，故十分重视抓澳门的禁烟问题，并亲临澳门巡查，有理有节地处理好中葡、中英关系，取得很大的成就。

林则徐了解到澳门是西方列强对华鸦片走私贸易中心、情报收集地及各国商人来华贸易、生活的立足点，因而力主正本清源，肃清鸦片毒害应从澳门开始。他在澳门采取了一系列措施，实行防范与严禁相结合的禁烟之策。

林则徐在重申中国对澳门主权的前提下，继续给予葡萄牙人贸易上的优惠待遇，并加强管理，派去官职较高的官员"高廉道道台"易中孚去管理澳门事务，命新升任南澳镇总兵惠昌耀留守澳门香山一带；组织力量对澳门进行一次全面的人口清查，华民保甲，洋人造册；派人要求葡人禁绝鸦片贩卖与贮存。

为弄清外国人的虚实，了解英国侵略者的动向，林则徐特别重视在澳门寻找资料和情报，派精干稳实之人到澳门摸清"夷情虚实"，而且敢于放下"天朝大吏"的架子亲自向来自澳门的外国商人、传教士了解鸦片的名称、价格、英国海军、汽船等情况。他还通过澳门购进外文书报及军事技术资料，组织翻译在澳门出版的《中国丛报》、《广州周报》等报刊，并将译稿统订数本，作为他禁烟及外交决策的参考。从这个角度来说，林则徐的确是近代中国开眼看世界的第一人。

面对英国鸦片贩子力图抵抗禁烟运动，林则徐制定容葡抗英、"以夷制夷"的策略。林则徐反对的是鸦片贸易，对正当贸易往来很重视，只要船主肯具结不带鸦片来华，则可以与中国正常贸易。对澳门的葡人有理有节地对待，在葡人保证永不令澳门成为英国鸦片商的走私基地后，即复开澳门与广州之间的交通与贸易。在处理驱英问题上，林则徐对葡人畏惧英人强大，有顾后瞻前情形表示谅解，力争葡人自觉将英鸦片贩子逐出澳门。当时葡国派驻澳门的总督宾多（Da Sileira Piato）在公函中宣告"英吉利人不要想我留英人在此居住，我亦必守中国人所定章程，不肯违背"。显然林则徐的策略收到一定效果。

为肃清烟毒，林则徐一再通过澳门同知向澳葡当局发出不许奸商售卖烟土，须将所贮烟土一律呈缴的谕令。澳督宾多不敢公开对抗，采用两面手法，一方面张贴告示禁止在澳门囤贮、售卖鸦片；一方面催促鸦片贩子将鸦片运离澳门。1839年，中国军队发现澳门不法奸商继续售买残存烟土。4月25日林则徐下令澳葡当局必须在3日内将所贮烟土查明，开出货主、箱数，呈交澳门同知收纳，否则将"封澳挨查"，宾多知鸦片已运走，立即下令搜缴鸦片。收到葡英分子保存的一部分鸦片后，有的在码头上焚烧，有的则呈交中国政府，还法办了一些葡萄牙奸商。5月林则徐又派佛山同知刘开城、署澳门同知等入澳清查，命令澳葡当局切实保证不再包庇鸦片贩子及贩卖活动。澳门的禁烟运动取得一定的成绩。

6月3日"虎门销烟"后，英人利用澳门对抗禁烟运动，义律并向林则徐要求准允英人在澳门口岸装货。林则徐担心澳门成为英人对抗禁烟的基地，于8月15日下令封锁澳门，驱逐英人出澳门。

林则徐在澳门开展禁烟运动的最高潮是亲率官员到澳门巡查。1839年9月3日，即农历七月二十六日，是林则徐55岁生日。这一天，他与两广总督邓廷桢一起由香山前往澳门巡阅。他们首先在莲峰庙驻节召见澳葡官员，向其申明禁令，谕以安分守法，不许囤贮禁物，不许徇庇英国奸商，力争葡萄牙人宣布中立，以粉碎义律以澳门为依托，将其作为武力对抗禁烟的据点的梦想。他们到当时外国人居住区、鸦片走私贩卖中心地进行抽查，检查禁烟落实情况，督导随行人员抽查高楼街、山水园、亚婆井、白鸽巢等鸦片集中"黑区"，查户口是否与造册相符，有无存贮烟土情况。之后他们沿着澳门商业区、教堂、炮台视察，体会澳门风土人情，抚慰当地中外居民。

在历时三小时短暂又紧张的巡阅中，林则徐经过大炮台、关部行台、圣约瑟教堂、风顺堂、妈阁庙、南湾、营地大街等处，对澳门这个中西文化交汇的城市有了更深一步的认识。

林则徐在澳门的巡阅受到中外人士的热烈欢迎。澳门葡人派出100多人到关闸迎接，并且在各主要炮台鸣炮19响。当地的中国居民在街道搭起好几处牌楼，用绸花和写满颂词的对联装饰得堂皇雅致。人们在他必经之途，在住宅及店铺门前摆上香案，供上鲜花。沿途中国百姓扶老携幼，夹道欢呼；葡人也叠背摩肩，奔趋惟恐落后。一时间澳门出现了前所未有的万人空巷的欢迎场面。

林则徐巡阅澳门有着深远的历史意义。他体现出中国对澳门的主权行为，打击了鸦片走私，增强了澳门同胞的向心力和爱国热情。

8 鸦片战争与澳门

提起鸦片战争，人们自然会联想到国耻，联系到香港岛的割让。然而人们却较少知道澳门与这场战争有着相当深的关系。它不仅是英国发动侵华战争的跳板，而且是美国殖民势力侵犯中国主权的重要场所。葡萄牙也曾利用鸦片战争后的局面，扩充其在华势力。

早在 1840 年前英人已经多次图谋侵占中国领土，特别是多次觊觎澳门。清朝嘉庆七年、十三年，英军就曾试图强占澳门，目的是以武力夺取澳门，作为经济及军事侵略中国的跳板，但未取得成功。19 世纪 20 年代英国对华鸦片贸易激增，导致中英矛盾日益激化。30 年代英国政府决定使用战争手段来打开中国市场，这也就是英国发动对华鸦片战争的直接推动力。由于澳门长期由葡萄牙势力盘踞，英国放弃直接占领澳门的打算，而是利用澳门作跳板，把目标盯在中国沿海其他地区。

1839 年林则徐在广东禁烟时，英驻华商务监督义律多次利用澳门暗中对抗。当英人被林则徐全部驱逐出澳门以后，义律曾多次写信给澳门葡人总督宾多，希冀澳门葡人能站在英国一方，帮助英国军队及商人在澳门活动，允许英国人的船货在澳门装卸。他还要求宾多同意派一艘英舰来保护在澳门居住的英人及守护澳门。然在战争正式开始之前，澳门葡人惧于清廷的军事威慑力，不敢答应义律的请求。

义律将驻华商务监督的驻地设在澳门，在那里多次致函英国政府，力主派遣英军到中国，迫使清廷屈服，以达到英人的侵华目的。

林则徐调任两广总督后，英国军舰"海阿新"号借口保护英人，强行驶入澳门港，抵嘉斯栏炮台。林则徐闻讯派兵入澳，并传谕澳葡理事官，要求葡人一同拒敌，迫使英军退出。

1840 年 6 月，英国政府派遣 48 艘军舰、4000 多士兵，从香港出发，发动鸦片战争。在英军主力大举北上之时，英军亦在澳门关闸发起攻击。1840 年 8 月 19 日，英军华喻等率舢板十余条，火轮船一艘，由九州洋驶至澳门关闸，并突然开炮。易中孚率澳门同知蒋立昂、香山县丞汤聘三等水陆夹攻，击毙英军官 1 名，英兵 10 余人，一度将英军击退。但英军击毁了关闸界墙及附近的炮台，参将波启善、守备陈宏光等负伤。300 名英国士兵最后登上了莲花台，占领了关闸，并炮轰望厦等处的中国官兵，搬走关闸的 20 余门大炮，在放火烧毁了中国军队的棚房后撤离。

在鸦片战争中，澳葡政府见英人势力强大，逐渐放弃了所谓中立立场，暗中帮助英军，听任英国官兵自由出入及在澳门居住。他们还向英人保证其在葡萄牙国旗下的人身安全，一反战前对林则徐的保证与承诺。10月以后英舰停靠澳门，英派驻华全权代表懿律、义律等坐镇澳门发号施令，指挥侵华战争。葡人则向英军提供粮食及其他生活必需品，开放医院，接纳英国受伤士兵；英军还在澳门设立战地医院，使澳门成为英侵华战争的后方基地。

澳门还是香港殖民地初创期的代行政中心及英人活动中心。港英政府的第一任行政班子是在澳门筹建的，并透过澳门对香港实行殖民统治，而港英政府的官方报刊《香港公报》亦在澳门发行，香港英人多到澳门度周末、游玩。直到1842年2月，英国驻华全权使臣、驻华商务监督和稍后的第一任香港总督璞鼎查才将驻华商务监督署由澳门迁往香港。

鸦片战争与澳门关系的密切，还在于中美《望厦条约》是在澳门签订的。当英国人在侵华战争胜利后获得极大利益之后，美国总统泰勒在给国会的咨文中，建议美国派出专使顾盛（C. Cushing）前往中国与清廷商订条约。美国政府指示顾盛说："希望你设法和中国订立像中英条约一样的中美条约。如有机会，则订立一个较中英条约更完全、更正规的条约。"1843年，顾盛带着美国传教士伯驾、裨治文、威廉士等人乘巡洋舰来中国，翌年2月27日到达澳门，声称不同广东地方官员谈判，威胁要将军舰开至天津面见清朝皇帝。4

月，他派军舰直闯黄埔，开炮示威。清政府为了求得苟安，派钦差大臣两广总督耆英到澳门望厦与顾盛谈判，在普济禅院签下了不平等条约《中美五口通商章程》，又称中美《望厦条约》。

《望厦条约》共 34 款，除获得英人已获的特权外，还获得了更多的特权，如肯定所谓的"利益均沾"，进一步破坏中国关税主权，扩大领事裁判权的范围，并使美国人获得在通商口岸租地建屋、设立教堂的权利。

鸦片战争对澳门本身的影响亦是巨大的。1840 年后葡萄牙人也认为清政府昏庸腐败、软弱可欺，一步步地扩展势力，扩大殖民统治范围。葡萄牙女王还擅自宣布澳门为葡的"殖民地"，开辟澳门为自由港，为澳葡扩展统治范围制造借口。而鸦片战争使清廷被迫割让香港岛。香港自由港的出现对澳门形成极大的挑战，一方面将澳门大多数的公司、商号、商人、工人都吸引到香港；另一方面机轮时代的到来则大大削弱了澳门港作为国际贸易中心的地位。澳门的衰落亦从香港被割占的时候开始了，这是澳葡当局始料未及的。

澳门是英国发动鸦片战争的跳板，而澳门近代落后的命运亦归因于这场侵略战争，这可以说是历史对澳葡的一种讽刺性安排！

⑨ 阿玛勒侵权扩张

阿玛勒（Toao Maria Ferreirc do Amaral）又译阿马留、亚马勒，是个不折不扣的殖民分子。是惟一被澳门中国居民所杀的澳门总督。

鸦片战争以后，葡萄牙人觉得机会来到，亦来欺侮无能的清政府，提出要与清廷订立条约，要求清政府将澳门割让。当 1844 年美国政府派顾盛到澳门与清朝钦差大臣耆英进行中美望厦条约谈判之时，澳门总督派遣一些官员去见耆英，要求免去地租及外贸上的种种限制。然而清廷不理睬已衰落的葡萄牙人，只答应澳门议事公局可以以平等的方式向前山参将递函；中国在澳门的关部行台及南湾、妈阁等四个税口继续行使职权，澳门的司法权亦在中国政府手中。

由于无法通过外交渠道从清政府那里获得对澳门的主权，葡萄牙里斯本政府便授权澳葡当局以武装夺取既成事实的办法来扩展势力范围。葡萄牙女王亦于 1845 年 11 月 20 日继香港之后擅自宣布澳门为自由港。

然而这一做法并未收到预期的效果，大量的商行迁往香港或上海；驻澳门的外国使馆及人员亦迁至香港，就连澳门土生葡人亦争先恐后到香港谋生，澳门经济一落千丈，社会极为萧条。澳葡政府亦出现财政危机，一连 4 个月发不出薪水。

就在这艰难时刻，阿玛勒出任澳葡第 79 任总督。1846 年 4 月他从里斯本抵澳门上任。他是一名海军军人，其右臂在年轻时参加葡萄牙开拓巴西殖民地的战争时被大炮打断，葡人称之为"独臂将军"。

他上任后即推行疯狂的侵略政策。1845 年 5 月他就拒绝向广东官府香山县交纳地租银，并向澳门城内的中国人征收地税、人头税、不动产税等。10 月他要

27

求澳门中国船只向澳葡理船厅登记并纳税，企图扩大财源，但遭到中国渔民的反抗。有 40 多艘帆船上 1500 多名船民攻击市政厅，阿玛勒出兵镇压，向船只开枪并禁止中国渔船入港，造成许多船民被杀。他借英国军舰之威，限所有渔船在 24 小时内登记注册。此血案已激起中国商民的愤恨，他还向商人征税，引起中国商人的罢市，禁运日用品入澳。阿玛勒勒令商人在一天内开门营业，向市场供应全部的日用必需品，并在大炮台用枪炮对准市场，威胁要将其夷为平地。一些华商无奈开业，一些华商则迁店出澳。

1846 年，他以修公路、命名新街道、编门牌为由，越过原葡人居住区，下令破坏了清政府设在南湾的小税口，派兵在凼仔岛扩建要塞。1848 年，他勒令关闸以南土地的中国人所有者须向澳葡政府交纳地税；为修筑马路，捣毁东望洋山麓的中国人墓群；将圣多明尼教堂改建为陆军医院。

对于阿玛勒捣毁南湾税口，耆英正式提出抗议。阿玛勒却声称，由于澳门已辟为自由港，已无设关征税的必要。这一举动显示阿玛勒准备向澳门关部行台及澳门县丞衙门开刀。

1849 年 3 月 5 日，阿玛勒勒令清海关澳门关部行台在 8 天内撤走，遭到中国海关官员的驳斥，阿玛勒却派兵封锁了大门。3 月 13 日，又率领数十名士兵钉闭关部行台的大门，推倒关前悬挂清朝旗帜的旗杆，驱逐海关官员、丁役，并到市政厅捣毁了树立已 200 多年的《澳夷善后事宜条议》石碑，企图毁坏澳门属中国政府管辖的铁证。当时两广总督徐广缙正为广州入城问题与英国人相持不下，风闻阿玛勒钉闭海关，并即赴香港借军的消息，决定实行"以商制夷"的对策，即将澳门关口移往黄埔，在那里另设码头，并命令澳各商行全部迁去。在澳爱国商人接到命令后，纷纷携带家眷、伙计自澳门迁往黄埔。阿玛勒发出公告要挟阻止，但终未能阻止商人离去，澳门顿时变得十分萧条。

与此同时，阿玛勒声称不再将涉及中国人的案件通知香山县官府，并派兵捣毁设置在望厦村的县丞衙门。1849 年 6 月，还在澳门半岛北部制高点莲峰山上兴筑炮台，炮口直指前山、中山。7 月又派兵侵犯香山的狮山炮台。

阿玛勒肆无忌惮的扩张行径招致中国人的极大憎恨。1849 年 8 月有人在广州大贴告示，悬拿阿玛勒的脑袋。这位有恃无恐的"独臂将军"终于在 8 月 22 日晚被义士沈米刺杀，从而结束了他罪恶的一生。

澳葡当局决定借阿玛勒被杀事件挑起事端。8 月 25 日晨，120 名葡萄牙士兵携带 3 门大炮，在快艇炮火的支持下，对关闸发起进攻。关闸的中国守军不战而退，只有位于关闸北面的拉塔石炮台进行反击。葡军很快占领关闸并俘虏了 3 名汛兵，在军曹梅士基打的率领下进攻拉塔石炮台。经过激战，炮台被葡人攻占。随后葡兵横扫望厦村，将澳门县丞逼迁至前山。为防止清兵反攻，葡兵撤出拉塔石炮台，在澳门关闸附近增修炮台加强防务。

澳葡当局历来视阿玛勒为英雄，澳门的东望洋街、关闸马路、铜马广场及亚马剌以路都挂上了他的名字，以此推崇他拓展澳门管辖地的所谓"开拓精神"，后来的澳督大多步其后尘，推行侵略扩张的政策。

10 义士复仇

这是澳门热血青年沈志亮、郭安奋起痛杀殖民分子澳门总督阿玛勒而英勇就义的一段悲壮历史。

凶残狠恶的独臂将军阿玛勒上任后肆无忌惮地推行殖民扩张政策。他勒令澳门居民向澳葡政府交纳地租、人头税、财产税等，对拒绝交纳的，动辄"派兵拘拿鞭打"，使澳门中国居民不胜其扰。1847 年，他还以治理城市为名，从水坑尾门竟辟道路直冲龙田、龙环等村落，直出马交石而达关闸，龙田村之田园土地悉遭蹂躏，许多中国人的坟墓被掘，尸骨抛入大海。而自动迁移者亦仅得银 1.4 两赔偿。这一切激起了民愤。阿玛勒的种种侵犯行为引起热血中国青年的愤恨，他们决定起来报复，"沈米义士案"就是轰动一时的壮举。

沈米，字志亮，祖籍福建，贸易经商，祖先陆续迁居澳门，家住在香山县恭都龙田村（即今澳门东部三盏灯观音堂一带），他"生而倜傥，慷慨尚义"。当时他居住的龙田村"虽内是小村落，惟是茅寮木屋，短垣低瓦，有居民百余户。福神直街中贯南北，为村中主要街道。其他如龙田村街、十字巷、培渠巷、猫巷、高家围等左右交织，各路相通"。村口处有一福德祠（土地庙）、武帝庙、两个社坛，是一个典型的中国农业村落。

阿玛勒强迫龙田村居民贱卖土地给澳葡当局，祖坟亦被掘走。沈米的祖墓亦就在这时被铲平。他激于愤恨，发誓报仇。当时村民曾向广东官府投诉，但毫无结果。沈米与龙田、望厦、龙环的村民相商，希望乡绅鲍俊出面请官府干涉。有骨气的鲍俊打通关节后直入广州，求见两广总督徐广缙。徐广缙闻讯后，只道"此诚可恶"，让澳门的中国人撤离抵制葡萄牙人，而不肯采取强硬手法，迫使阿玛勒收回侵略扩张魔爪。

在求告无望的情况之下，沈米与郭安、李保、张光、郭洪、周有、陈发商议，决定利用阿玛勒经常到关闸一带游猎的规律将其暗杀。

阿玛勒狂妄自大，常对人讲"澳门一掌地，只手用不尽也"。但他出入皆带一些随从士兵，沈米等人从春天等到秋天还是找不到下手的机会。而这时谋杀计划已经泄露，仆人告知阿玛勒，有人要谋杀他。然而阿玛勒根本不把中国人放在眼里，仍照常出没关闸。1849年8月22日，阿玛勒又到附近打鸟，由副官随侍，乘马援辔。沈得知后便在他回程的道路上假装贩卖鱼及粥果、蔬菜之类，郭安用野花撒在路边，并将豌豆洒了一地。阿玛勒行至莲蓬庙阿婆石附近，其坐骑嗅到鲜花和食物低头大嚼，不肯向前。这时，沈米挟着雨伞立即迎上前去，假装告状，口喊申冤，手递状纸。阿玛勒接过状纸，含在嘴中撕开。刹那间，郭安等从草丛中跳出，用竹竿横扫马前，马受惊腾跃，阿玛勒正待发作，其他义士各持短刀冲出。阿玛勒想用独臂拔枪反击，但已来不及，被沈米等人砍伤下颌，滚下马来。乱刀之下，阿玛勒的头被砍下，手臂亦被砍断。惊慌失措的副官亦被砍伤，仓皇逃走。沈米等人将阿玛勒头颅及手臂拿到祠堂祭祖，然后将其首级埋在山场，逃往广东顺德一带躲避。

沈米等人斩取阿玛勒首级的英勇行为是对一切作恶多端的外国侵略者的严重警告，这对于香山与澳门中国人是有力的鼓舞。

闻讯赶来的葡兵竭力缉拿沈米等人，但未发现刺客的蛛丝马迹。澳葡当局从一些奸人口中听说此事与广东官府有关，一方面派人到广州索要杀人者，另一方面派兵强占了关闸与拉塔石炮台，并将一名中国军官的首级及一条手臂砍下，悬挂示众，作为报复。

广东官府闻讯后最初打算用死囚代替沈米等人了结此事，但是葡人在得知此事系几个澳门中国人所为时，索要阿玛勒的头颅，并威胁加强武力攻势。广州知府不得已，要澳门龙田村乡绅鲍俊劝沈米等人出来认罪。

沈米毅然赴官府自首，郭安不愿让沈米单独承担责任，亦慨然挖出阿玛勒首级同往。郭安对沈米讲："你有母亲在上，而且只有你一个儿子，自己亦无后嗣，不如我争自认。"沈米豪迈地说："大丈夫一人做事一人当。"

昏庸无能的清政府为平息澳葡的不满，表白他们

与阿玛勒被杀一案无关，竟判处沈米死刑，郭安遭戍
边疆。徐广缙认为，阿玛勒"妄作横行，固有取死之
道，而该犯遂谋杀害，并解其肢体，实属残忍，事关
外夷，未消稍涉拘泥致资借口"，遂于 9 月 15 日将沈
米杀害在前山。12 月 24 日，徐广缙将阿玛勒的残肢交
还葡方，葡方释放 3 名被俘的中国汛兵，郭安被发配
边塞充军，后死于狱中。

沈米被杀后，香山和澳门的人民将他安葬在前山
寨北门外，立碑"义士沈米之墓"。那些亦惨遭澳葡当
局挖掘祖坟的澳门中国人以后在祭拜祖先时，必先望
空拜祭沈米。他们还在前山立庙祭祀，以表钦敬追怀。

11 基马拉士殖民梦

基马拉士（Isidoro Francisco Gueinaraes）又译作
伊·吉马良斯，是澳葡第 84 任总督，葡萄牙人，于
1851 年 11 月抵澳履新。他在澳门的事业就是实践殖民
梦。

早在 1843 年，葡萄牙人乘清政府在鸦片战争中失
败之机，派代表在澳门和广州与清钦差大臣耆英等进
行谈判，要求清廷豁免每年 500 两租银，由澳葡士兵
驻防澳门半岛并撤走清政府设在澳门的机构。耆英拒
绝葡人要清廷割让澳门的要求，但在贸易及修理房屋
等方面给了葡人不少好处。

然葡人从未放弃以武力及和平方式双管齐下夺取
澳门主权的愿望。故基马拉士出任澳督之后，扩张的

野心表露无遗。

他于 1851 年 11 月开始在海口南岸西沙咀建炮台，派兵强占了凼仔岛全境，将圣弗兰西斯修道院改建为兵营。

基马拉士公开及暗地里支持苦力贸易，使澳门"猪仔馆"开设数百家，几十万中国劳工被贩卖，澳门成了最大的苦力贩运出口港。

1852 年他下令修建马交炮台；1856 年 2 月下令在澳船只分类向澳葡当局申领牌照、交纳牌税。

1857 年葡萄牙请求立约通商，清廷不准。1858 年在基马拉士建议下，葡人乘第二次鸦片战争之机，再次要求订约，仍遭清廷拒绝。

1861 年葡人建筑炮台于西沙嘴，强占了凼仔一些铺肆及民居。

基马拉士最大的野心乃是通过与清廷订约，正式夺取澳门。他早于 1859 年与来中国换约的英外交官布鲁斯及法国公使布尔布隆在澳门会面，提请英法帮助葡人与清廷谈判。

1862 年葡萄牙派基马拉士作驻华公使，赴北京议约。他直闯北京城的举动引起清廷官员不满，拒绝让他入城。此时法国公使却以降旗断交来恐吓清政府，迫使清政府派出总理衙门大臣恒祺、三口通商大臣崇厚等与基马拉士谈判。基马拉士故意颠倒黑白，声称澳门最初就是葡人自治的殖民地，中国政府在澳门设立海关并无任何条约为依据，亦未得到葡萄牙政府的同意，他还说"鉴于中国与西方的关系已发生全面的变化，因而澳门亦难以维持旧日的政治经济制度"。

恒祺在谈判开始时表示中国要恢复在澳门设官吏、收租税的主权。但基马拉士连哄带骗带恐吓，迫使恒祺与他草签了《和好贸易章程》。草约的中、葡、法3种文本均有出入。条款极有利于葡萄牙。草约规定：葡萄牙人一律均沾英法等西方列强已获得特权；大清国大皇帝任凭设立官员驻扎澳门，办理通商贸易事务，其职任、事权均与英、法、美诸国领事等官，驻扎澳门、香港等各员，办理自己公务、悬挂本国旗号无异；将来只以此约为凭，一切旧章自应革除，永不得别有异议。

从这些条款来看，基马拉士利用清廷官员的昏庸而设置了陷阱，并在文字上大做手脚，肆意否认澳门是中国领土。协议授权法国公使签订，葡方并未签字。

基马拉士返澳，受到澳葡当局英雄式的欢迎，葡萄牙女王还特别封其为南湾子爵。

基马拉士野心并未得到满足。他下令拆毁澳门居留地的界墙及水坑民、三巴、沙梨头等城门，侵占界墙外的塔石、沙岗、新桥、沙梨头等中国人村庄，在那里先贴门牌，继设路灯；先收灯费，继索地租，加快了蚕食澳门以北、关闸以南地区的行动。

基马拉士为人凶狠狡猾、毒辣。他把塔石、沙岗等中国人村庄的坟墓全部迁走，并肆意把遗骨扔进大海，而留出一大片土地辟作埋葬西洋人的专用坟场。其前后行动形成鲜明对照，显露出他殖民主义者的真面目。

基马拉士的殖民梦只做了一段时期。1864 年他卸任后，新澳督亚马廖（Jose Rodrigues Coelhodo Amaral）赴北京，准备与清廷换约。此时清廷中对洋务较为熟悉的新任总理衙门大臣薛焕等人查阅条约时，发现 1862 年条约问题很多，故向葡人提出换约前必须修改条约有关内容，中国要在澳门继续设官治理，而不是仅派驻领事；要求葡人退回到三巴门以南地区，亚马廖见以前阴谋被揭穿，不顾外交礼仪，当场拍案大骂，并用恐吓手段再次威胁清政府，坚持要先换约后修改的无理条件，制造麻烦。

然而 1862 年的条约最终没有被两国政府批准及互换，从而使葡人"合法"侵夺澳门半岛的图谋落空，基马拉士的殖民梦破灭了。

12 "永居管理"澳门

澳门自古以来是中国的领土，葡萄牙人获中国历代政府允准长期在澳门居住、贸易。鸦片战争后葡人竭力破坏中国对澳门的主权，然而得到的只有中葡《和好通商条约》规定的"永居管理澳门"的权利而已，澳门始终未成为葡萄牙人的殖民地。

早在 19 世纪 60 年代，葡人多次试图与清政府订立条约，但未成功。80 年代的清政府国库空虚，创设新海军及经营洋务需要筹集巨款。为解决财源，决定对鸦片进口税厘并征。清政府在与英国政府商谈的一项协议，即《洋药税厘并征末条》中，拟定了一项有关中国内地与香港合作缉私的办法。谈判中，港英当局提出，此事必须以澳门答应同样办理为前提。这是因为港英政府不愿看到香港缉私导致鸦片贩子流向澳门的局面，对澳葡有利，故把澳门同样办理问题提到谈判桌上。

此时衰疲不堪的葡萄牙无力顾及澳门，但英国提出以澳门同中国合作，作为中国与香港合作的先决条件，给了葡萄牙一个意想不到的良机。光绪十二年（1886）7 月 21 日，中国政府派海关总税务司、英国人赫德（R. Hart）前往澳门进行交涉。赫德不顾清政府的反对，先与澳葡总督达成协议，同意葡人提出的占有澳门的"拟议条约"。

赫德鼓吹将澳门"永远租与葡萄牙而不收租银，此等办法与国体无碍，且可守住洋药税厘"，力劝李鸿章同意与葡萄牙举行正式谈判。

1886 年 11 月 23 日，赫德部下、英人金登干（J. D. Campbell）由赫德推荐，受总理衙门委托，赴里斯本与葡萄牙外长巴罗里美（Henriqne Je Barros Gomes）进行谈判。

里斯本谈判围绕"拟议条约"进行，葡方想乘机索要拱北等处。经过 3 个多月的激烈争论，双方于 1887 年 3 月 26 日签署《中葡里斯本草约》，规定中国"坚准葡国永驻管理澳门以及属澳之地，与葡国治理他处无异"。

草约签字后，清政府于 4 月 2 日在香港、澳门附近分别设立中国海关的分关。澳门附近的分关设在马骡洲，命名为拱北海关。

根据草约规定，中葡双方于 1887 年 7 月举行正式签订中葡《和好通商条约》的谈判，葡萄牙全权特使罗沙提出所谓"属澳"之地问题，将这一范围扩充至澳门半岛及青州、凼仔、大小横琴等六、七个岛屿。清廷力主葡人退回三巴门内。鉴于葡人提出无理要求，指出中国大可不必别人帮忙而自办洋药税厘并征，并酝酿"买回"澳门。赫德力劝罗沙在条文中不指明附属地，并在文字中作文章，如中英文本中"永居管理"字面上就有出入，英文中有居住、占有的意思。

经过反复争执，清政府指派奕劻、孙毓汶为全权大臣，于 1887 年 12 月 1 日签订了中葡《和好通商条约》。条约计 54 款，另附两个附约（《会议专约》与《会订洋药如何征收税厘之善后条款》）。

此条约内容分为三部分。一是通商问题，葡萄牙获得了最惠国待遇，分享了列强在中国经商的种种特权。二是关于澳门地位问题，规定："前在大西洋国京都理斯波阿所订预立节略内，大西洋国永居管理澳门之第二款，大清国仍允无异。惟现经商定，俟两国派员妥为会订界址，再行特立专约，其未经定界以前，一切事宜俱照现时情形勿动，彼此不得有增减改变之事。""前在大西洋国京都理斯波阿所订预立节略内，大西洋国允准未经大清国首肯，则大西洋国永不得将澳门让与他国之第三款，大西洋国允仍无异。"三是鸦片税厘并征，查缉鸦片走私问题，规定葡萄牙在澳门协助中国征收运往中国海口的鸦片税厘。

此条约于 1888 年 4 月 28 日正式换约，葡萄牙人终于获得了他们盼望达数十年的条约。

《中葡和好通商条约》又称中葡《北京条约》（可简称为中葡条约）。这是在列强侵略中国的背景下，在英国人幕后操纵下签订的不平等条约。它是葡人借助列强力量，取得在华特权的体现。

该条约赋予葡萄牙人"永居管理澳门"的权利，使得他们用行贿和武装侵占等手段占领的中国领土处于葡萄牙的殖民统治之下，中国政府实际上丧失了长期以来拥有的对澳门的管理权。

中葡《和好通商条约》是一个混淆主权归属问题的条约。当时赫德、金登干为了早定和约，扩大他们控制的中国海关的权力，故用模棱两可的说法，以便既说服清廷，又满足葡萄牙的愿望。从条约看，未经中国政府同意，葡人不能随意将澳门转让给其他国家，似乎澳门仍是中国领土，并未割让给葡人。但是，只要葡人不将澳门转让给其他国家，他们就有权永远统治澳门，中国政府就永远不能对澳门行使主权。

中葡条约是中国近代史上一个重要的条约，亦是葡萄牙人在澳门居住了 300 年之后，中国政府对澳门地位作出特别规定的第一个条约，亦是至今为止惟一的一个条约。中葡条约确认了港澳与中国海关合作对鸦片实行税厘并征，为洋关权力扩大到全国鸦片民船铺平了道路。中葡条约以确认葡萄牙人在澳门的地位作代价，换取到港澳合作实行鸦片税厘并征。表面上这一措施使中国增加几百万两税收，实际上却导致帝国主义进一步侵夺中国海关权力，并使帝国主义贩卖鸦片利益得到保护与扩大。

条约留下许多后遗症，其中一个重要问题乃是澳门界址未定，致使日后中葡围绕界址问题产生很大纠纷，谈判亦未能解决问题。而澳门亦因葡人乘机扩张而背上沉重的包袱，社会发展受到严重影响。

13 "二辰丸"交涉

光绪三十四年（1908）发生的"二辰丸"事件，及其引发的中、日、葡三方交涉与澳门勘界谈判都是澳门近代史上的大事。

"二辰丸"是一艘日本商船，光绪三十四年二月（1908），该船偷运枪支弹药入中国境内。香山大盗林凤四与同盟会员温子纯原打算劫船后往香山、前山一带起事，但恐招惹大纠纷而中止此计划。

这艘船有葡政府颁给的贩运军火执照，但没有中国执照等证件及入港许可证。该船停泊在路环岛东面二海里处。2月5日下午两点多，亚德架行的大小火船艇到"二辰丸"号边，准备起货搬运。中国广东地方政府早侦知此船上装有洋枪94箱、弹药40箱，乃援引国际公法，指明该船停泊在中国领海内，如无中国执照允可，可视作违法走私予以罚没。我"宝璧"号兵轮士兵在管带吴敬荣、委员王仁棠率领下，带同"广亨"、"香巡"两船士兵登上"二辰丸"号，不准该船货物起卸。船主一开始态度强硬，但吴系耶鲁大学毕业生、王为北洋水师学堂的学生，两人均有一定的国际知识，故约同九龙海关税务司的几名外国人一同查验。船主辩称此为澳门地界，吴敬荣则拿出地图，称此为大清海界，用国际公法与该船主舌战一场，并屡促船主将船驶入广州。船主起初不允，但见当时海面中葡双方军队对峙，自觉理穷，承认是违法行为，改悬清朝旗帜。船主在"被清船扣留军火"的清单上签字。

此后，中、日、葡三方为此事大起纠纷，日葡两国政府相互勾结，对清廷进行外交讹诈。日本政府声称应日本船主同业公会之请求，对中国进行交涉。日本政府外务省称日人无违法之事，清军舰不该擅行扣留船只，故一面命驻广州日本领事上野向粤督交涉，一面令驻北京日本公使林权助与清廷交涉。

粤督曾拟就了处理办法，但遭上野的拒绝，要求清政府就此事的责任作明白承担，并立刻释放此船。

澳葡当局无视澳门界址未定的现实，公然通过葡政府照会清外务部，称"在葡领海面喀网湾捕获得日本轮船二辰丸一艘，迫令同至广州湾泊。查该船载枪支运卸澳门，该船被拿有背葡国领海权，并有碍葡国主权"。它援引1887年《和好通商条约》，扬言该船所泊海区为葡萄牙殖民地，为"清国官权所不及"，广东水师是擅入其领地，"毁损国体"，声称该船运军火入澳获得了澳葡政府同意，并非秘密偷运，"今中国滥用兵威，窒碍贸易，明违国际公例"。

日本方面发出交涉文书，不按惯例递交中文，俱

41

用日文或用英文，藐视中国权威。日本外务省提出四项要求：须将"二辰丸"及搭载货物即行释放；须用适当方法以谢下旗之无礼；须处罚不法行为之官员；须为损害赔偿。若不应允，则要采取任意行动。

清政府以"二辰丸"运军火案照会日本公使，指出"二辰丸"未得中国允许，在中国水域内欲起卸军火。此等军火是由澳门华商接济"乱党"；中国是遵照中日商约第5款拘留此船；日本欲驳扣留船之事，须如中国所请照例会审；如日本不允照行，中国不能赔补；案内日商肯具保，中国将船释放，其军火留粤省厅处理。

日本态度甚为强硬。日公使再次复函，要求中国政府无条件将船货释放，不答应中国政府提出的意见；中国不能拘禁运往澳门的军火船；亦不能照例会审。

从2月18日至3月9日，中日两国举行六次会谈，海关总税务司、英人赫德在调停时袒护日、葡两国。日本气焰更为嚣张，准备派遣兵舰赴粤用武力胁迫。两江总督端方怯懦无能，惟恐因此事"中日失和"，要清廷同意日使请求。英国公使亦从中帮助日本，请各国协同从严查处私运军火之事。

腐败的清政府最终屈服于压力，同意了日本人开列的五项无理要求。3月15日，清朝外务部致函日本公使林权助说："一、误换国旗一节。业经本部于光绪三十四年二月初四日照会道歉；并电粤督将办理失当之员惩戒在案；自当由粤督酌予以应得之处分，至贵大臣节略内称释放辰丸时，令兵舰近现在该轮停泊之处升炮；并先知照日本领事等因，既系通例，中国政府自可照允；二、中国政府允将辰丸即行释放；三、粤省此次扣留辰丸原为防止军火运入内地起见，日本政府既知此事为中国官宪所挂念；允将该项军火不再运往澳门，欲以日金二万一千四百元，由中国自行收买。自当电知粤督，先将军火起卸，按照此价购买；四、中国官吏为自保治安起见，致在中国领海内发生此次交涉，应由本政府查明此案实在情形。倘有误会失当之官吏，由中国政府酌量核办；五、第二辰丸损失之处，亦可允给实数，不得逾多。惟贵国政府既未查明，应由粤督酌核情形，与驻粤日本领事另行商定。"

此后，日本领事亲到黄埔，督察办理详情。在卸下军火后，"二辰丸"悬挂日本国旗，清廷鸣炮21响表示屈辱的歉意，放船只出港。

"二辰丸"事件交涉屈辱告终，不能不令中国人民愤怒。全国各地很快掀起抗议示威高潮和抵制日货运动。广东、港澳及南洋中国人均纷纷集会，要求抵制日货，提倡国货。粤商自治会开大会力主极力抗争，以保主权，要求粤督负起责任。他们召开万人国耻纪念大会，许多人放声恸哭，痛骂外务部畏葸辱国，使国民蒙此大耻，会后将日货焚毁，或自觉停办日货，掀起抵制日货运动。香港的中国人愤怒捣毁了贩卖日货的商店。

"二辰丸"事件交涉的失败，导致国内外有识之士强烈呼吁解决澳门问题，因而开始了1909年的澳门勘界谈判。

14 勘界谈判

1887 年中葡《和好通商条约》签订，葡萄牙获得"永居管理"澳门的特权，但中葡两国未就澳门的界址达成协议，只在条约中提到容以后再勘定，故在以后的几十年中，围绕澳门的界址纷争不断。1908 年中葡双方开始澳门划界谈判，但因葡萄牙人处处阻碍，界址勘分终成悬案。

1887 年《和好通商条约》签订后，澳葡当局乘澳门界址未定的机会，大肆扩张，完全占据青州、路环、凼仔三岛；将内港水道的浮桩西移到马骝州的浅滩，声称澳门的西海面已归葡属，派小火轮到水面强令编查、勒收停泊在那里的中国船只；强迫望厦村民交纳房产税，强占塔石；为增开马路将龙田村 30 余家房屋焚烧。如此等等，企图将"澳门"地区扩大到东起九州洋、西至湾仔、银坑，南到横琴、北达前山后脚寨，成为东西约 10 余公里，南北约 25 公里，周围共达 60~70 公里的广阔区域。

澳葡当局的扩张行径受到广东军政界和人民较有力的抵制。

1908 年"二辰丸"事件交涉的结果大大损伤了中国人民的民族尊严。广州、香山、澳门、香港等地人民对澳葡当局不顾事实、为虎作伥的无耻行径越加痛恨，强烈要求澄清澳门地界，以绝祸患。香山县绅商学界成立"香山勘界维持会"，广州与香港分别成立了

"广东省勘界维持总会"和"旅港勘界维持分会",海内外中国人纷纷致电声援,支持早日定界。

葡萄牙王室为借澳门问题转移其国民的注意力,争取民心,稳定国内局势,亦表示愿以谈判方式解决澳门界址问题。

1909年7月,中葡澳门划界谈判在香港开始举行。中方代表是曾任中法云南交涉使的高而谦,葡方代表为曾任葡属东非殖民地总督的马沙度。

谈判桌上,葡方漫天要价,强行提出五项索要条款:"一、自澳门半岛之妈祖阁直至关闸;二、自关闸至北山岭一带为局外地;三、内河流即是水界、内港;四、对面山、青州、凼仔、过路环(即今路环)、大小横琴、舵尾等处及附近一切小岛;五、附近一切小岛之水界。"葡方把强占当作证据,把勒收的租税单,强贴的告示当作拥有主权的证明,并声称这些索要条款并未违背《和好通商条约》有关"在未定界址以前,彼此均不得有增减改革之事"的规定。

面对葡方的蛮横无理,中方代表高而谦消极无能,并没有给葡方有力的驳斥,只指出属澳之地仅指澳门半岛而言,不能越海而侵权。及至索回凼仔、路环两岛无望,采用拖延战术,使谈判陷入僵局。

此时澳门及附近地区中国居民纷纷起来反对澳葡当局乘机扩张的行径。香山勘界维持会于1909年8月25日举行特别会议,宣布组织"联办九十八乡民团",决心拿起武器,迎击葡人的武装侵略,并要求清政府速派陆军及水师把守澳门附近的关口,并从经济上封锁澳门；要求中方代表高而谦立场强硬，万不可妥协接受葡萄牙全部要求的"和平办法"，并对高而谦的软弱无能进行了猛烈指责，指责他没有采取维护中国对澳门主权的决心。高而谦深感"民情激烈如波，稍一不慎，致酿事端"，故在谈判桌上态度尤为审慎。

为打破谈判僵局，马沙度曾一面提出将此问题提交海牙国际法庭公断，另一方面扬言要将澳门送与他国，来挟制清政府。清政府在民众的声援下，对此要求一一驳斥，指出中葡澳门划界问题是中葡两国之事，没有提请国际公断的必要；至于"葡国迫不得已，惟将澳门送与他国"，乃是旧调重弹而已，并指出今日之中国不是奕劻、李鸿章把持朝政、外交的 1887 年，葡人之心昭然若揭。认识到葡人"既不肯相让，我若急求藏事，则所丧必多"，我国可以"暂勿决议，以缓其势"，并用官方的力量来帮助商民建设香洲，以分澳门之利，"使彼狡谋莫逞，自然就我范围"。他们已意识到，以西方列强来"公断"澳门界务，必偏袒葡方而中国难免全败。

后来葡方又抛出最低要求，同意将对面山、大小横琴归属中国，但要求获得对面山岸旁一片土地。中方代表亦作出妥协，不同意让出对面山之地，但答应将整个澳门半岛、青洲、凼仔、路环三地划属葡澳之地。最后葡方代表又提出将整个内港划归澳门，中方代表无法允许，决定中止谈判。

这样，这场历时 4 个月，举行了 9 次正式会议的勘界谈判遂于 11 月 13 日宣告结束。

后来中葡双方又派出代表在北京继续谈判，但因葡萄牙国内发生推翻封建制度的资产阶级革命，建立共和国，开国之初，葡国内百废待举，澳门界务问题无暇顾及，于是勘界谈判再次中止。

1910 年发生澳葡军警为缉匪炮轰路环岛而打死许多平民事件，广东民众、海外华侨激烈抨击澳葡的暴行，纷纷要求废除条约，收回澳门。清政府鉴于群众的强烈要求，派驻法大使刘式训到里斯本，重提划界谈判，但仍没有进展。

1911 年，辛亥革命爆发，推翻了清王朝，建立中华民国临时政府。葡萄牙政府多次照会中国政府，要求重开划界谈判。然而，由于葡方坚持 1909 年在香港时的要求，故后来北洋政府未同意进行谈判。1919 ~ 1920 年间因澳葡政府筑青州堤坝，广州政府派军队阻止，迫使工程停工。事后广州政府又拒绝了澳葡关于举行划界谈判的建议。

1921 年葡萄牙政府向"国际组织"递交了解决澳门界务问题的提案，由于各种原因，这个为帝国主义效劳的组织不愿出头为葡萄牙解决这一棘手的难题。这样澳门的界务问题成为悬案。

18 "五二九"事件与澳门工运

"五二九"事件是葡士兵枪杀澳门中国工人的事件，它激起了一场轰轰烈烈的工运，影响至深。

20 世纪以来中葡划界谈判毫无进展，葡方却不停地在澳门附近扩张侵略，引起中国人民的无比愤慨。澳葡当局对此的反应是变本加厉地对居住在澳门的中国居民滥施暴力，乃至发生了 1922 年重大的"五二九"血案。

1922 年 5 月 28 日下午四时许，澳葡士兵在果栏街当众调戏一名中国女子，激起民愤，附近的中国居民把这些士兵围起来打了一顿。葡警闻讯赶来，不问缘由，偏袒葡兵，当场扣押了理发匠周苏等三人，并关到附近警察局。数百名中国居民跟踪而至，将警察局包围。夜里 10 时左右，警察局官员在前往总局途中被殴打，一队赶来的葡警亦遭攻击，葡警开枪示威，枪伤路人数名，其中一名因重伤而亡。澳门中国居民大为激愤，不到半小时，警察局前已聚众 2000 多人，要求释放被捕的中国居民。由 60 多个工会组成的澳门联合工会出面提出放人要求，但澳葡当局则强调需经审判才可以申请保释，拒不接受要求。果业工会、机器工会、理发工会等分头组织群众，号召大家坚持斗争。29 日晨，警察局前已围聚万人，但秩序井然，一部分人手执工会旗帜，沿街动员停工停业。上午 10 时澳葡当局派人给警察局里的官兵运送粮食，被众人拦阻。葡兵军官拔枪向群众开火，枪机卡壳了，群众一涌上前夺下他的手枪，而其他葡兵见状立即开枪，当场打死 70 多人，伤 100 多人，血流遍地，惨不忍睹。为掩盖其暴行，葡兵分兵把守各个路口，把死者五六个捆在一起，用船运走，扔进大海里喂鱼。

葡兵残杀中国居民的罪行激起澳门全体中国居民

的无比愤怒。各界工会纷纷组织罢工罢市。5 月 30 日逾万澳门中国居民在前山广场为死难同胞举行追悼会，并出版了一本《哀思录》；5 月 30 日起，华商宣布罢市，3 万多工人举行罢工，全澳学生罢课；数万中国人愤然离开澳门，返回广东内地。一时间澳门陷入瘫痪：商店关门，工人停工，水道不通，电灯不亮，街上臭气熏天，食水更是困难，澳葡政府采取了严厉的制水措施，澳门一片萧条。

面对澳门人民反抗斗争，澳葡当局继续采取残酷的镇压措施。5 月 30 日澳葡当局指责中国居民反对葡兵的行为是"侵害国家主权及官厅威信"的行为，并宣布全城戒严。同日发出通告，规定凡经澳门政府立案的工会团体一律关闭解散，宣布解散 69 个与这次罢工罢市有关系的工会团体。31 日，澳葡当局公布管制内港交通的紧急措施，停止澳门与湾仔间航船往来以及澳门到关闸的陆上交通，旅客往来只许在两个码头上。为阻止中国居民离澳，"澳门军政司"发布通告："凡用恐吓及别种举动强迫澳门安分居民离澳，或阻碍工人商人诚实营业之自由者，官府一律严究。"

澳葡的镇压措施，引起当地中国居民更大的愤怒。澳门联合总工会和澳门商会出面与澳葡当局交涉，提出恢复工会及取消戒严令的要求。在工商各界强烈要求下，澳葡不得不在 6 月 1 日开放关闸，增加通航的码头。同时又要求商人立即复业，否则严加处置。澳葡面对澳门的困境十分惊慌，急电葡萄牙驻上海领事馆求援，并把监狱中的一部分犯人押到码头、关闸一带充当挖战壕、修筑碉堡的苦力。

澳葡枪杀中国居民的血案在全国各地及海外引起极大的反响，各地同胞纷纷声援澳门中国人的正义要求。全国各界联合会致电广东政府并向全国呼吁收回澳门，要求澳葡当局向中国外交部致歉，抚恤死难者家属，惩办凶手。上海各工团执行委员会电促广东政府务必与澳葡当局交涉至满意为止，并提出八项要求。全国其他地方的声援运动亦此起彼伏。

在广东，声援之势更为浩大。5月31日，国民外交后援会邀请广东各界在广州举行集会，声讨澳门葡人的残暴行为，共商对策。会议通过致电孙中山总统，提交请收回澳门等八项决议。6月2日，广州各界人士2万多人在广州第一公园（今中央公园）召开全体国民大会。6月4日，设立澳门难民招待所，接纳迁出澳门的难民。广东各界纷纷解囊接济澳门同胞，香港协进工会捐助2万元，澳门华商捐助1万元。

澳门工会代表陈根生、梁二侠专程到广州谒见孙中山先生及广州革命政府外交部长伍廷芳先生，要求援助澳门中国居民抗击澳葡的行动，孙中山等表示全力支持，并派两艘鱼雷舰、两艘巡逻船，从军事上逼使澳葡政府退让。广东政府还向葡驻广州领事提出抗议，6月10日提出澳葡向中国政府道歉、严惩杀人凶手、抚恤死伤者、限日撤走澳门的非洲兵、严禁赌博等5项严正要求。

然而，广州政府内讧削除了对澳葡当局的最大威胁。但澳门的中国商人纷纷向当局请愿，要求澳葡当局切实约束军队，不准再有惨案发生。澳葡当局对社会的大萧条、大衰退十分不安，急于恢复生产、交通及社会秩序，故邀请了澳门华商领袖卢廉若等人出面调停，与工人代表对话。工人代表提出抚恤死伤者、恢复以前所有的工会团体、取消乱党名目，并为死者追悼、撤戒严令等20多项要求。

澳葡当局经过讨价还价，最后只同意由仁慈堂给死伤者发放抚恤费，同意恢复"五二九"前已正式注册的工会，同意取消乱党名目、撤销戒严令。

通过这次事件，中国人民要求收回澳门的愿望更加强烈，反对殖民统治的热情更为高涨。当时的情势是"尽管澳门仍在葡萄牙人手中，但任意摧残中国人而不受惩罚的时代已经过去了"。

16 澳门的政治机构

澳门的政治机构是以总督为中心建立起来的。从葡萄牙人入据澳门以来，在400多年的不同历史时期里，政制的状况不断演变。今天的政制模式，主要是1974年葡萄牙"四二五"革命后，澳门政治生活出现了根本性的转变后形成的。1976年《澳门组织章程》和《葡萄牙共和国宪法》先后颁布，为澳门现行的政制奠定了基本模式；1979年2月8日中葡两国建交，澳门作为"葡管中国领土"的政治地位得到确定，两国对澳门的政策也作了调整。

16世纪中叶葡萄牙人入据澳门以后，在300多年的时间内，他们在澳门只建立了内部的自治组织"议事会"，要接受明清政府的管理。直到鸦片战争后，葡人乘机侵占了澳门整个地区，从那个时候才开始对澳门实行全面的殖民统治。100多年来，澳门的社会发生了很大变化，但葡人的管治权一直维持到现在。

根据葡萄牙政府1976颁布并经1990年修订的《澳门组织章程》，澳门的政制基本上是行政、立法、司法三权分立的框架。总督行使行政权，立法会行使立法权，澳门法院及检察官公署行使司法权。

澳门总督是葡萄牙国家机构在澳门的代表，也是澳门地区最高行政长官。他直接受命于葡萄牙国王或总统，在澳门执行葡萄牙政府制定的澳门政策。

澳门总督由葡萄牙总统任免，任期一般四年，可以连任。总督对总统负责，其官阶相当于葡萄牙国家政府中的部长。

澳门总督在澳门行使统治权，除执行葡萄牙宪法所规定的专属首都里斯本的统治权力之外，在澳门地区的澳督统治权力包括：领导本地区一般性政治；统筹整个公共行政；为在当地实施必要的法例及其他法律文件而制订规章；保证法院自由、充分执行职务及独立性；管理当地财政；制订金融财务市场的结构及管制其活动；在任何葡人或外籍人在澳门可能"引致内部或国际性秩序有严重不适宜"的情况时，决定将之驱逐出境或拒绝入境。

此外，澳门总督还同时是澳门葡萄牙当局海陆保安部队的最高负责人和政务委员会的当然主席。

从 1616 年起，澳门便有了澳督之设。据记载，第一任澳督名马士加路也，1623 年到任。1837 年连度为第 77 任总督。从 1843 年至 1949 年这 100 多年间，先后有 36 位葡萄牙官员就任 38 任澳门总督。连度在 1843 年连任第 78 任澳督。1949 年任职的是第 116 任总督柯维纳。其中任职时间最长的是第 84 任澳督基马拉士，共连任 12 年。复任次数最多的是巴波沙，先后担任第 107、111、114 等三任澳督，他是一位文官，而且是首位在任内病故的澳督。其次是高士德，曾任第 96、98 两任澳督。任期最短的分别是第 81 任澳督官也和第 83 任澳督贾多素，他们的任期都不满一年。在 1849～1851 年短短 3 年时间内，澳门政府人事变动频繁，澳门总督变换了 5 位，其中第 80 任和 82 任都是政府委员会集体执政。1991 年赴任的总督韦奇立将军是澳门第 127 任总督。

澳门立法会成立于 1976 年，议员为 17 人。1990 年修改《澳门组织章程》后增加到 23 人，其中 8 人通过间接选举产生，8 人通过直接选举产生。7 人由总督在社会知名人士中委任，任期 4 年。立法会独立于行政机构，对行政机构起着制约作用。根据《澳门组织章程》的规定，澳门立法会的职责大致有立法、审查与监督政府工作和提出建议三大类。立法会还设立执行委员会，负责协助主席工作，同时，还设五个专责委员会管理和协调立法会的工作，它们是章程与任期委员会、立法会常设委员会、行政及公共财政事务委员会、宪法权利自由及保障事务委员会和社会教育文化事务委员会。

为了协助总督和立法会完成其职责，还设立了澳门咨询会。咨询会由总督或他的代表主持。咨询会由10名委员组成，其中5名由总督委任，5名由选举产生，委员任期4年，享有与立法会议员同样的权利和利益。但立法会议员与咨询会委员不能互相兼任。

法院及检察官公署行使澳门的司法权。自1991年通过《澳门司法组织纲要法》后，澳门司法机构已基本脱离葡萄牙的司法制度而相对独立。司法机构除保留原有第一审法院外，还增设了高等法院和审计法院两个第二审法院，以及司法官员的管理和纪律机关——澳门司法委员会和澳门司法高等委员会。

在行政管理方面，设立七个政务司协助总督工作。他们分别是经济暨财政政务司、运输暨工务政务司、司法事务政务司、卫生暨社会事务政务司、行政教育暨青年事务政务司、保安事务政务司和宣传旅游暨文化事务政务司，其成员由总督提名报请总统批准，其职位相当于葡萄牙中央政府副部长级。

二　澳门经济

罪恶的鸦片走私

　　鸦片是葡萄牙最早通过澳门运入中国的商品。澳门一度是远东最大的鸦片转运站，贩毒和吸毒曾经公开合法地存在。在澳门的行政机构和商务组织中，专门设有管理买卖鸦片的机构，公开设立"烟膏配制厂"、"鸦片专卖局"。在20世纪20~30年代，澳门全埠公开吸食鸦片烟的烟场就有50多所。鸦片烟的制造和走私深深地影响着中国内地和香港的经济发展和社会安全，对整个社会造成的危害相当严重。

　　中国的鸦片贸易，早在明朝时期已有记载。万历十七年（1589）的关税表中，就有"鸦片二斤值银条两个"的记录。《大明会典》中也有爪哇、樟葛二国有乌药（鸦片）输入澳门的记载。清朝初年，葡萄牙人从印度的果阿和达曼贩运鸦片到澳门，每年为200箱，每箱133磅（合100斤左右）。这样的数额持续了多年，皆由葡人经营。随着澳门外贸的逐渐衰落，鸦片的走私却兴旺起来，成为澳门经济活动的主要内容。

在英国人从印度对中国输入鸦片之前，几乎全部输入中国的鸦片，都是由澳门的葡人经营的。鸦片进口的数量越来越大，从1729年的200箱，增至1767年的1000箱。在英国向中国输入鸦片以后，葡萄牙仍然与英国竞争，积极向中国输入鸦片。

随着鸦片的输入量越来越大，对大陆影响日渐增多。1796年，中国政府首次宣布严禁鸦片输入，但澳门鸦片走私仍有增无减。

最初鸦片直接运进澳门，以后中国内地厉行查禁，鸦片烟船停泊在伶仃洋的老万山和大屿山等地。船进老万山时，鸦片走私者以"扒龙"、"快蟹"等船只驳载入大船。这些走私商人运银出海换运鸦片烟进口，分销各地，并勾结官吏和不法之徒，每私运一箱鸦片，需向葡萄牙人纳税25元，除此还要另缴一笔款贿赂中国官员。据查，仅在1815年进行贿赂的钱就达20万元。1839年，清政府派钦差大臣林则徐到广东严厉查禁鸦片。林则徐到达广东之前，已经进行了深入细致的调查研究，弄清了鸦片进口的来龙去脉，所以到广州后不久，便进行了"虎门销烟"。他还亲自到澳门巡阅，检查当地禁烟的情况。但鸦片战争失败后，清政府割地赔款，鸦片走私再度猖獗。

1946年以前，在澳门吸食鸦片是合法的。公开的吸毒场所美其名曰为"茶话室"、"谈话室"。当时，澳门50多间"茶话室"内，每间烟床多者三四十张，少者十余张，总计烟床约达千数，供瘾君子吞云吐雾之用。此外，市内亦有悬挂"公烟"小牌的80余家商店公开出售鸦片，供人购买回家过瘾。各俱乐部及酒店内均有"烟局"设备。即使普通人家，也有鸦片烟奉客吸用。当时，中央酒店是澳门社会阴暗面的缩影，它兼有嫖、赌、饮、吹"四淫齐"。中央酒店楼高七层，建筑宏丽。二楼和七楼为赌场；六楼为茶楼酒菜部，日夜营业；三楼、四楼、五楼为旅业部，七楼还设有跳舞厅。舞厅和酒菜部都以霓虹灯报告每场开赌的开彩牌号，可以且舞且赌，且饮且赌；在旅店房内，烟床齐备，瘾君子亦可且吹且赌，由仆役代为投注买彩，更兼可召妓侍宿，无所不尽其极。

1946 年，由于吸毒贻害人的身体，澳门居民极力反对，加上国际舆论的压力，澳门政府才被迫采取禁烟措施，制定《禁烟条例》。条例公布后，澳门政府对吸毒、贩毒者采取严刑处分，检获毒品与烟具均一律充公，由公物保管处保管，定期将之销毁。

在条例公布后的短短 10 天内，澳门政府检获烟枪、丸壶、瓦枕、红丸、白粉等大批吸食鸦片用品，集中在南湾合署大厦对面空地焚毁。在焚毒那天，不少昔日烟客前往"凭吊"，焚毒之"香风阵阵"，令瘾君子"垂涎欲滴"。自此以后，虽然禁烟委员会三令五申严禁吸食鸦片，但鸦片走私仍然秘密进行，吸毒者仍大有人在。

走私与吸食毒品仍是一个比较严重的社会问题。吸毒造成的危害令人触目惊心，澳门社会治安异常恶劣。看来根除社会疾患，非要治标治本。只有把"毒"瘤割除，社会的正常风气才能得以弘扬。

猖獗一时的苦力贸易

苦力贸易是指 19 世纪西方殖民主义国家葡萄牙、西班牙、荷兰、英国、法国、美国等成批掠卖海外人民充当劳工的贸易。在亚洲的掠卖对象主要是印度人和中国人。

葡萄牙人是较早的殖民主义者，也是较早的奴隶贩子。澳门则是中国苦力贸易的第一个市场和据点。

在葡萄牙人进居澳门之前，他们曾骚扰粤闽浙沿海，进行走私和掠卖人口的罪恶行径，遭到明朝政府的严厉打击。

1557 年至鸦片战争以前，葡萄牙人以澳门为根据地，掠卖人口活动更加频繁。当时中国苦力贸易是以澳门为中心进行的。葡人在人口买卖中获得了神话般的利润，使英国人对澳门也垂涎三尺，但因明清政府的干预未能得逞。到 19 世纪 20 年代，被英国殖民者贩卖的华工已遍及世界各地。英国掠卖华工是在马来半岛的槟榔屿进行的。通常是葡萄牙人在澳门把劳工们集中，然后运到槟榔屿从中赚取中间利益。劳工被卖到海外，一般都充当奴隶，干着苦役。一些妇女则被送到果阿，充当那里葡萄牙商人的泄欲工具。

有鉴于此，明清政府曾多次下令禁止贩卖人口。1614 年明政府规定："禁买人口。凡旧新夷商不许收买唐人子女，倘有不法者，按名追究，仍治以罪。"乾隆十四年（1749）清政府下令："禁卖贩子女。凡在澳华夷贩卖子女者，照乾隆九年详定三例，分别究拟。"因此葡、英商人起初在招募劳工时，都是偷偷摸摸进行的。

鸦片战争后，1850～1875 年间，西方殖民者从中国掠卖人口活动走上了诱骗和使用暴力相结合的道路。"猪仔馆"随处可见。

鸦片战争后，中国逐步沦为半殖民地，禁止贩卖人口的禁令已名存实亡。于是澳门港的苦力贸易活动更加猖獗，特别是 1852 年厦门人民开展反抗掠卖人口的斗争后，澳门已成为最大的苦力出口港。苦力贸易更使澳门商业迅速畸形发展起来，大批专门在贩卖苦力生意中投机获利的各国商人涌至澳门，公开设立"招工机构"从事这项罪恶买卖。之后，"猪仔馆"（名曰招工馆）与日俱增，拐卖人口的数目也不断增加。据统计，1865 年，澳门有 8～10 家猪仔馆；1866年增至 35～40 家；到 1873 年已发展到 300 多家，从事苦力贸易的商人达到三四万人。与此同时，为外国人招收中国苦力业务的代理机构和经纪人也纷纷出现。1871 年，古巴等南美几个沿海国家相继在澳门设立了五个代理机构，分别代表这些国家内各商业团体的利益，从澳门装运出洋的苦力。他们从澳门招到苦力后再转手卖给出价更高的主顾。澳门的代理机构把招工业务分包给他们雇佣的中国土著人口贩子或苦力经纪人。这样一来，便把过去的非法偷运变成了"合法招工"；被掠卖的苦力变成了"自由移民"。从此，贩卖人口贸易更加肆无忌惮，数以万计；不仅贩卖成年男女，还贩卖儿童。

澳门的猪仔馆是囚禁和转卖苦力的集中营，它直接受澳葡官员操纵，并得到各国领事的庇护，高墙铁栅，警卫森严。他们雇佣大批流氓打手对付苦力，同时豢养一批匪徒，散布于闽、粤、江、浙沿海地带，甚至深入湖南等内地省份，或以介绍职业为名，将乡民诱骗到澳门猪仔馆；或用下蒙汗药、讹诈索欠等卑劣手段强行绑架；或利用广东的宗族械斗，把俘虏掠为苦力。更有甚者，是乘人不觉，直接在人的背后将人击倒，然后将其卖到外洋。

澳葡从事苦力贸易的罪恶活动不但引起了中国人民的极大愤慨和强烈抗议，也受到世界舆论的谴责。1869年，英国政府下令禁止从香港载运中国"契约移民"，因此猪仔业务就完全集中在澳门。至19世纪70年代，贩运猪仔中心地澳门，受英法德政府的劝告，才明令禁止苦力贩卖。1873年12月29日，澳门总督阿尔校发表公告，宣布从即日起3个月后，禁止"猪仔"从澳门装运和出洋。从1874年3月底始，澳门的苦力买卖在名义上停止了。

澳门公开的苦力买卖停止以后，香港在"自由移民"的招牌下，差不多垄断了从中国出洋的廉价劳动力，取代了澳门的地位。澳门也仅仅是名义上停止苦力贸易。他们模仿香港的做法，改头换面，以"自由客栈、自由移民"的招牌，继续进行苦力买卖，直到1893年，巴西还在澳门水手街设立招工所二间，名为"利华栈"、"万生栈"，进行苦力掳掠。

8 填海造地

　　澳门本为弹丸之地，山丘林立，海水包围，规模比现在小一半还多。澳门近代都市的扩展一部分是由于澳葡当局的扩张，另一部分则应归功于几十年的填海造地。

　　从19世纪60年代到20世纪20年代，澳门半岛面积增加了近一倍，达到5平方公里；凼仔岛面积从原来的1.5平方公里扩大到3.48平方公里；路环岛面积从5.61平方公里扩展到6.6平方公里。而到20世纪90年代，澳门总面积已达到23.5平方公里，其中三分之一的土地是靠人工填海而成。

　　澳门填海造地的历史始于1850年。这一年三巴仔横街及下环街之间的一段地方填海而成陆地。1863年起，澳葡政府下令填海造地。这一年在南湾澳督府面对的海滩，即南湾与烧灰炉炮台之间填海造地，形成现在宽阔的大马路及海滨广场。

　　紧接着的填海工程在清平戏院一带的临海地展开。这一带的填海工程是由当时澳门最有名的赌商王禄投资。19世纪70年代开始填海，经10年多时间的兴筑，原先粼粼碧波变成清平直街、福隆新街和白眼塘等街区，王禄也成为这一带主要屋宇的业主，成为澳门巨富。这一地区亦开发成澳门繁华商业区及"红灯区"。

　　1866～1910年，澳葡政府填海的重点在北湾与浅湾。北湾与浅湾位于澳门半岛西岸，历史上由沙栏仔街向南，经炉石塘、下环街至妈阁庙，叫北湾；而由沙栏仔向北沿着沙梨头、新桥至莲峰庙一带则称浅湾。这两湾亦因填海而不见了往日的风采。两湾填筑工程于 1910 年基本完成，填成了现在的提督大马路、沙梨头街、海边街、新马路西端、快艇头街、新埗头街、柴船尾街、福隆新街、宜安街等，使澳门半岛面积增加了 0.57 平方公里，由 2.78 平方公里增加到 3.35 平方公里。

今日繁华的新马路两端的闹市区就是在这个时期填海而成的，据说昔日潮涨，海水一直浸到庇山耶街。船澳口、十八间尾水口、吉庆里水口、桔仔围尾在北湾未填海之前都是内港的码头，素有"水口"之称。炉石塘一带原是海湾的沼泽地，古称"卢荻塘"。

1910 年还将西环海滩填筑成西湾街及民国大马路。1914～1931 年间，澳门政府为改变澳门经济衰退落后的局面，制定了宏大的填海筑港规划。尽管建港计划因种种因素未能实现，但填海还是取得了一定的成绩。

1919 年开始在北部填海。先将台山一带的内河海坦地填堵，拓展为平地，一改芦汀草泽之面貌。筷子基是 20 世纪 20 年代填海，至 1933 年堤基建成，原来的港湾顿成陆地。青州一带亦填海成地，与青州马路、跑狗场、罅些喇提督马路相连，形成一大片新填海区。

与此同时，妈阁庙至沙栏仔、莲峰庙一线沿海筑起的堤岸又得到拓宽，又有了河边新街、火船头街、巴素打尔古街、海边新街等，并在一线筑起 15 个简易的码头。澳穗线、澳港线的火轮、拖船都湾泊于此，一些公司在这里建起颇具规模的货仓。

凼仔、路环两岛的填海是在 20 世纪初开始的。昔日凼仔系鸡头山、观音岩及菩提山三个小岛，其后观音岩与鸡头山相连成大凼，而菩提山叫做小凼。至1919 年两小岛相合计只有 1.5 平方公里。今天凼仔的西沙湾、赛马车场、西堡街一带原是一片汪洋，后由于泥沙冲积及人工填海，面积增至 3.48 平方公里。路环岛的填海工程于 20 世纪 20 年代进行，到 1927 年面积扩展至 6.62 平方公里。

1923～1931 年，澳门执行了"填海筑港规划"中的外港工程部分。这是澳门历史上较大规模的填海工程。外港工程分为两部分：一是把关闸莲花茎以东的海滩填成广阔的马场；二是沿黑沙湾至马交石天后庙，转南沿玙狗环而至松山，直至南湾的东端，填成陆地，这就是新口岸。

1930 年又进行了南湾填海，将由嘉斯栏炮台至政府大厦对开的一带海面，相当于半个南湾填成陆地。由澳门置业等公司的华商集资，经过七八年时间，至抗战前始告填成，即今日之殷皇子马路、友谊大马路等地区，从而使南湾景点发生重大改变，昔日"规圆如镜"的美丽与壮丽景观变为现代商住区。

经过数十年的填海造地，澳门半岛面积增加一倍，这对澳门城市的发展具有不可低估的意义。

澳门的填海工程从 20 世纪 50 年代以来一直未中断过。50～60 年代建筑商在筷子基等地进行了一些零星的填海，规模很小。到 80 年代，澳门为大力发展经济，又制定了兴建深水港、建造国际机场、修筑第二座澳凼大桥的规划，并加紧实施。相应的填海工程也大规模地展开。这三大工程的填海进展很快。到本世纪末，澳门的面积又有新的增加。

都市初起

自16世纪澳门成为远东国际重要贸易商港以来，澳门有近百年比较繁荣的历史。18世纪以来，澳门逐渐衰落成为广州的外港。而之后缓慢发展，到近代通过一系列工作，澳门都市的面貌才基本确定，具备了近代都市的一些特点。都市的发展集中体现在都市格局的形成、公共交通设施的发展及建筑和居住环境的改变。

澳门近代都市的格局基本形成于19世纪末叶。在此以前，澳门半岛上分成澳门城商业居住区，望厦、龙田农业耕作区及沙梨头、妈阁村一带的渔村区三大块。从19世纪后半期起，澳门市区面积得到扩展。澳葡当局通过强制与武力的方式，将管治范围扩大到整个半岛及凼仔与路环岛，再通过几十年的填海造地，澳门面积增加了三分之一，基本上奠定了现在的都市面积框架。到20世纪30年代，澳门面积已有15平方公里之多；而另一方面，城市道路网的建设亦加快，对旧澳门城街道进行了开拓重筑，开辟了望厦至澳门城的道路，1863～1866年修成连胜街，1872～1874年筑成若宪马路；1879年开辟龙环村的道路，1883年辟水坑尾、荷兰园正街、望厦马路，1884～1897 年和 1900～1904 年兴建成高士德马路，1910 年修达加马马路和民国马路，1915～1918 年建成贯穿澳门东西的主要交通干线——新马路，使澳门东西南北的交通得以全面贯通。20 世纪以来在新填海地上开辟了近 20 条马路，形成一片新的商住区。这样到 20 世纪 30 年代，形成以新马路、大街和高士德马路为中心的道路网的格局。而且由于澳门半岛独特的地理条件，决定了东北西南走向的街道为主长轴，西北东南走向的街道为短轴，两相交错构成方格棋盘式的街道格局。但由于受到三面环海和丘陵地形的影响，形成依山傍海的环状街道和放射状的街道。

近代都市的标志之一是城市环境得到改善。从 19 世纪起，澳葡当局为发展旅游娱乐业，已开始注意环境的改造，葡人称之为"改良风景"。其重要标志是南湾花园、卢廉若花园、张园等相继落成；1905 年公布了澳门城市卫生总体计划，执行卫生《自治规约》和卫生工程条例，将墓地基本迁至郊外。

到 20 世纪 40 年代，澳门已形成几个不同性质的功能小区：商业区主要集中在新马路和十月初五街。澳门最大的商业建筑如中央酒店、国际酒店、东亚酒店及主要商行、银行、各类服务业都集中于此。住宅区沙梨头、望厦一带为中国居民集中区，葡人区集中在荷兰园及南环一带。工业区主要分布在半岛西北部提督马路和青洲等地。行政机关区主要在南环、议事亭前地及龙嵩街一带。

从都市的建筑风格看，近代澳门都市的建筑在古典主义的基础上引进现代主义风格，形成中西建筑文化交融的独特风格。尤其是19世纪末叶新古典主义建筑风格侧重个性文化，影响到澳门建筑设计概念。澳门的岗顶戏院、山顶医院、陆军俱乐部、水警总部、峰景酒店等建筑物就是这一时代的产物。山顶医院的建筑是英国新哥特式的，设计师巴龙设计了陆军俱乐部、岗顶戏院等。1845年以来重修的澳门主教府大堂则是令人印象最深刻的新古典主义风格的建筑，顶上的双塔楼尤其引人注目（1874年被台风所毁）。

19世纪末别墅花园式的建筑普及上流社会中。最早的建筑是贾梅士花园（后称白鸽巢公园），特征是楼宇四周绿树成荫，风景宜人。设计师阿奎那设计了著名的澳督府，古朴庄严。

与此同时，西式建筑中亦融入许多东方的建筑风格，如空间结构、石砌平台、门顶三角饰、中楣多被西式建筑采用。

中式建筑的发展以卢园、张园为代表。卢园建于19世纪末，完成于1925年。亭台楼阁、廊榭厅堂、曲径假山、翠竹红荷、古榕苍柏，俨然是江南苏州园林的翻版。

从20世纪初开始，强调表现机能构造、立体、机械的现代建筑风格出现在澳门，建筑物不再有静性、笨重和伪饰。现代新材料如钢筋混凝土、玻璃、铝材等大规模地使用，改变了木石为主的建筑结构。几何形的建筑在新马路尤为集中，代表性建筑为中央酒店和国际大酒店、中葡学校，都采用了几何线条，水平容积，无雕饰。现代建筑的经典之作乃是 1970 年建成的葡京大酒店及 1980 年以后建造的中银大厦、澳凼大桥等。

在城市公共设施发展方面，澳门从 20 世纪 30 年代起开始有自来水供应；1903 年起安装电灯；1929 年新邮政大楼落成，标志着邮电事业开始走上新的台阶。电话、电报通讯得到较大的发展，公共电话从 1882 年开始安装，到 20 世纪 40 年代电话已在高官、富商及一般商行中普及起来；1920 年无线电话开通，无线电报亦于 1929 年接通；1933 年澳门有了自己的电台。邮电通讯事业的发展标志着澳门已进入都市发展新阶段。

与城市发展相适应，交通工具也在更新换代。从历史上的轿子、马车到 19 世纪末期的自行车；1861 年澳门政府还专门规定了一些街道为自行车道。汽车的出现是澳门交通工具跨入近现代社会的重要标志。澳门第一辆汽车是檀香山华侨富商陈芳回澳门定居时带进来的。直到 20 世纪 50 年代，汽车乃是身家、财富、地位的象征。人力车是比较经济实惠、大众化的交通工具，30～40 年代最为流行。

澳门从 19 世纪末起缓慢地步入都市社会，逐步成为具有都市各项功能的国际性袖珍城市。

港口与灯塔

澳门的主要部分是一个半岛，三面环水，水上交通是它和外部联系的主要通道。

澳门内港是西江的入海口，每年都有大量的泥沙沉积。19 世纪 60 年代，港湾的淤塞情况十分严重。1865 年港门内港锚地淤泥，落潮时水深将近 3 米，1881 年仅剩 1.68 米。当时估计，25 年后内港便会完全淤塞。

疏浚澳门港口的设想在 19 世纪 60 年代开始酝酿，直到 20 世纪 20 年代后方得以实现。

1907 年前后，澳葡政府曾派人测量南湾一带的海面，并购开河器械，准备在内港等处开通航道。这一时期澳门同内地关系极为紧张，直到 1911 年，因中葡澳门界务问题纠纷，澳门内港疏浚工程仍未能进行。

1911 年初，澳葡当局正式开始疏浚内港，并与英国商人订立了委托他们疏浚凼仔以北海面的合同。这项工程把澳门界务问题重新摆到面前，因为该处河道的归属仍未解决。当时两广总督张鸣岐要求立即停止疏浚工程，并声明澳门水域属于中国主权。8 月底，澳葡当局停止疏浚工程。此后澳门政府屡次想疏浚港湾和填筑海滩，均因中国政府反对而罢手。

1919 年，澳葡政府在澳门半岛的北部青洲、台山、筷子基湾一带填海造地。1920 年广州政府曾下令停止这一工程，后来又同意澳葡疏浚航道的请求，与他们订立《澳门界务未定以前兴筑澳门港口工程合约》。作为交换条件，必须同时实行《修改澳门港口章程》和《关于澳门交解华犯的章程》。从此澳门政府的港口整治计划开始实施。

整治河道和港口的计划分内港和外港两大部分进行。外港工程以马交石天后庙为界，又分为黑沙环港和新口岸港两大工程。黑沙湾工程由关闸以东海滩填筑成一个广阔的跑马场和体育场。在这个地区南端开凿运河，通过青洲而达内港。新口岸港的填海工程由马交石天后庙转南，沿玛狗环、松山山麓直到南湾东端的民国马路，计划将这一片地开建水上机场、游艇码头、港澳船码头、铁路码头、修船厂、工业区；在东西堤出水口开挖航道，并在海中筑两条长度为 3000 多米的防波堤。铁路码头是根据 1903 年中葡双方议定组织铁路公司合办"粤澳铁路"而定的，火车由广州直达新口岸，但当时因时机未成熟而搁置。

内港工程主要是挖一条深 11 尺、宽 150 尺的航道，经过疏浚和航道的加深拓宽，使稍大的轮船得以入泊。

1922 年，澳门发生干旱，澳葡政府抓紧时机实施填海筑港计划。

1923 年，整治外港和内港工程同时进行，外港工程交由荷兰港口工程公司承建。1923 年 5 月至 1931 年，新口岸工程全部结束，工程耗资 4000 万元，雇用工人最多时达五六千人，以中国北方山东人为最多，其余多是澳门附近四乡来澳谋生者。工具除靠人力肩挑和小火车运泥外，还备有浚河船吸海泥填海滩。《澳门》一书曾记载当时建港的情形："至浚河之工具，有浚河船一只，非常伟大。船首有车页一，放入海中，先将海底之泥凿松。另有长铁喉一，长数十吻（米）浮于海面。一端接于浚河船侧，一端接于未筑之堤岸里，借船中之机械作用，能将海底之泥抽入喉内，运输于受泥之处，用此泥而填新地，是输运之捷法也。此机每点钟可抽一万三千立方吻（米）。"使用浚河船，虽然提高了效率，但所吸的海泥水分多，咸度大，致使新口岸填筑后很长时间地面仍常下陷，因此广阔的填海地迟迟未被利用。

有了港口自然就要有灯塔。在东望洋山顶的圣母雪地殿教堂的左方，屹立着远东历史上最古老的灯塔，它就是东望洋灯塔。

该灯塔于 1864 年开工，至 1865 年建成，高 13 公尺，于该年 9 月 24 日晚上开灯，向澳门四周 25 海里之内的海面循环扫射，昼夜不停。灯塔高出海平面 101.5 公尺。灯塔附近悬挂各种防风信号，当台风来时挂上不同级数的风球，以示警告。灯塔原来使用火油灯，后改为用巴黎运来的最新机件。该塔设计者是澳门土生葡人加路·罗撒。

1874 年 9 月，该灯塔仅建成 10 年，便遇到澳门一场空前狂暴的台风，灯塔被毁。1910 年 6 月 29 日，该灯塔改用新式机器，配上法国反射镜又重放光明。改装的反射镜，设在一个圆形的轨道上，有一个带动它的轴心，用钢缆连着，由灯塔顶端袋的重力慢慢下沉，带动轴心，使反射镜沿着轨道四周转动。

除东望洋灯塔外，澳门还有妈阁炮台上的灯塔和九澳山上的灯塔。

6 战后复兴

　　澳门是弹丸之地，自19世纪以来十分衰落。二次世界大战中虽未被日军占领，但也饱受战争影响，社会经济更为萧条。

　　抗战胜利后，澳葡政府努力改善与中国的关系，在澳门开始实行比较温和的管理，并制定了一系列鼓励经济发展的政策措施，使澳门经济得到复苏，社会渐渐安定。

　　澳门作为一个典型的海岛型经济区域，物资自给率很低，大多数物资供应均靠外地来货承担。基于历史与地理的因素，内地一直是澳门物资的最大供应者，尤以生活必需品为最多。1945年11月因交还战犯等问题，国民党广东政府对澳门实行武装封锁，澳葡当局不得不正视中国人民要求收回澳门的呼声，不得不考虑改善与中国政府的关系。1945年底，澳葡当局向国民党政府提出了改善关系的有关措施。1946年4月，澳督戴思乐前往广州访问，在与广东官员的会晤中作出了愿意同中国人民友好相处的表示，澳门地区的紧张对峙形势有所缓和。内地恢复了对澳门生活必需品的供应。国民党澳门支部及民盟澳门分部、"民联"粤澳港总分会等党团组织恢复在澳门的公开活动；内地居民重新自由进出澳门，澳门与内地的关系进一步密切。国民党政府派遣外交官员常驻澳门。澳门派出运动员参加广东省的体育比赛等。1947年夏天两广发生严重水灾，澳门华商总商会带动全澳同胞通过多种形式为内地灾民募捐赈款。葡萄牙人亦大力相助，代澳门总督首先捐出 3 万元，海岛市长亦到工厂、商店劝捐。澳门与内地关系的改善，为澳门的发展换来了和平的外部环境。

为了缓和澳门居民与澳葡当局的矛盾，以稳定民心，维持其统治的利益，澳葡政府在改良社会秩序方面作了一些努力。1946 年 7 月 1 日，澳葡政府正式实施《禁烟条例》，采取严厉措施，使当地的鸦片烟馆逐渐衰落、绝迹。公开的娼妓活动被取缔。在内地颁布禁止蓄婢的法令后，澳葡政府应澳门中华妇女会的要求，撤销了歧视妇女的《华人习惯条例》，规定在澳门居住的中国居民生活习俗应不违背内地现行的民法，从而结束了当地中国男子可以娶三妻四妾，不受法律约束，妇女没有财产权的局面。针对澳门一带走私活动严重的情况，1948 年澳葡当局先后与国民党政府订立《金融协定》和《关务协定》，两地联手合作，从而使极为猖獗的走私活动受到遏制。

在经济方面，1947 年柯维纳出任澳门总督后，澳葡政府制定了修整口岸，增加来往省港澳三地的渡轮，兴建高级饭店，鼓励中外商人来澳门投资、大力发展娱乐博彩业等一系列措施，致使澳门经济出现复苏的迹象。

20 世纪 30 年代澳门年平均出口值只有 1000 万元左右，其中鱼类占首位，达 26.4%，其次为食品，占 18.5%，爆竹、火柴各占 15.9%，神香占 6%，纺织品只占 5.3%。

1937 年前，澳门只有工厂 120 家，而且是以手工业为主，有爆竹、火柴、神香等行业。这些手工业靠廉价劳工和政府对原料的低课税得以维持。战时手工业因原料来源及销路受阻，生产急剧下降。

战后，澳门人口从 40 万人锐减至 15 万人左右，金融市场不景气。至 1949 年澳门人口又增至 18 万人，内地资金流入较多。贸易额由 1947 年的 19279 万元增至 1949 年的 45222 万元，两年内增加了 1.34 倍。1947 年全澳有工厂 166 家，其中酒厂 53 家、船厂 33 家、神香厂 19 家。火柴产量由 1946 年的 19.6 吨增至 1948 年的 285 吨，同期爆竹产量亦由 190 吨增至 1026 吨，神香由 162 吨增至 488 吨，中国酒由 20 万升增至 88.7 万升，毛巾由 2.1 万打增至 5.2 万打，这一段时间可以说是澳门传统手工业发展的全盛时期。工人逾万，大量产品出口。火柴、爆竹、神香成为 50～60 年代澳门最重要的三大行业，是工业的主体。

在货币金融市场上，澳葡政府改变附近流通货币均可在澳门流通的做法，极力推行自主政策，逐步使货币市场统一于澳门币。抗战胜利后，因国民党政府的金圆券、银圆券逐步崩溃，在粤人士多想办法套取港币。在澳门市场，港币的信用回升，逐渐成为澳门百姓喜欢使用的货币之一。

50 年代，澳门经济曾再次跌入低谷。朝鲜战争爆发后，1952 年澳门当局追随美国对中国大陆实行禁运政策，澳门"商务调整委员会"于 1953 年颁布对入口货物征收 5% 的消费税和按金，使刚从大战摧残中复苏的澳门经济再度受挫。同时神香等产品还失去了美国、越南市场，澳门火柴对东南亚的出口锐减。

到 50~60 年代以后，澳门经济从困难走向恢复与稳定发展。尤其是澳门旅游娱乐公司投得赌业专利权后，大搞旅游设施和酒店，港澳交通大有改善，澳门旅游业和消费业随之兴旺，逐渐取代传统的手工业，成为澳门经济中支柱性的重要特种行业。

当代澳门经济

澳门素有"东方蒙地卡罗"之称，与摩洛哥的蒙地卡罗、美国的拉斯维加斯并列为世界三大赌城。但它绝不仅仅是一个赌城，而是一个多元化迅速发展中的现代化经济地区。随着澳门与内地关系日益密切，澳门的经济已展现出美好的前景。

当代的澳门经济主要由出口制造业、旅游博彩业、金融保险业和地产建筑业四大支柱行业构成。

澳门经济发展的曲折历程　新中国成立初期，朝鲜战争爆发后，1952 年 4 月澳门当局追随美国对中国内地实行"禁运"，1953 年 4 月 25 日公布征收入口货物 5% 的消费税和按金，使刚从大战摧残中复苏的澳门经济受到严重打击。1957 年 8 月 7 日，澳门实行对渔民自用的生盐和液体燃料减税 80%。1958 年颁布简化设厂手续，9 月宣布准许 21 项货品放宽对内地输出，12 月撤销"物品输出统制委员会"，大大地活跃了澳门经济。葡萄牙政府又允许澳门的产品免税进入葡属其他市场，从而吸引了一些企业家到澳门投资设厂，使澳门工业有所恢复。从 1958 年开始，澳门纺织业有较大发展，出口额仅次于传统的爆竹业和渔业，占出口总额的 19%。1962 年外贸总额恢复到 32100 余万元。其中，澳门产品销往葡国及葡属地区是享受优惠之利的，出口由 3500 万元增至 8670 万元。纺织品由 1956 年的 524 万元，增至 1962 年的 3149 万元，使纺织品在出口总额中所占比例，由 15% 上升到 36%。澳门人口也由 1956 年的 18 万人增到 1962 年的 27 万人。

1962 年澳门旅游娱乐公司获得澳门博彩业专利经营权，从而带动了外贸、金融等行业的发展。1967 年澳门的外贸业总额达到 4 亿多元，1969 年增至 6 亿多元，1975 年又迅速增加到 16 亿多元。

从 70 年代中期到 90 年代初期，澳门经济进入了一个全面发展的新时期。澳门的加工制造业、旅游博彩业、金融保险业和地产建筑业全面发展。据联合国世界经济合作与发展组织（OECO）统计，1971～1981 年间，澳门生产总值（GMP）平均年增长率为 16.7%，高于亚洲四小龙的平均增长率 10%，是全世界增长率最快的地区之一。1984 年澳门生产总值为 78 亿元，相当于 10 亿美元。按当年官方统计的 37.55 万人口计算，平均每人 2663 美元。又据联合国世界经济合作与发展组织资料，1983～1984 年度，按人口平均的国民生产总值澳门为 2800 美元，在全世界排列到第 52 位，在亚洲排列到第 6 位，仅次于文莱、新加坡、日本、香港和台湾。1988年人均生产总值达到6300美元，1991年又突破万元大关，1994年增加到1.6万多美元。

澳门经济的四大支柱　艰难发展的出口制造业：从16世纪开始，澳门的铸炮、造船名噪一时，到20世纪50年代，火柴、爆竹、神香制造业兴旺于市。但澳门经济的真正发展，则是在20世纪60年代以后的事。

第二次世界大战以后，西方发达国家普遍完成了工业转型，把大量劳动密集型的产业向落后国家和地区转移。在这个背景下，由于高速发展的香港经济的牵引和辐射，加上澳门地价低廉、工资便宜，又享有欧美市场的配额优惠，因此，以港商为主的外资企业较多到澳门投资设厂，使澳门工业呈现出高速发展之势。

到60年代，传统的火柴、爆竹、神香制造业开始萎缩，而纺织、制衣、电子，塑胶、玩具、人造花工业相继兴起。1995年纺织出口量已占出口总值的19%，仅次于渔业和爆竹业。60年代以后，澳门的工业向以纺织业为主的多元化方面发展。1969年纺织业出口占出口总值的71.6%，渔业下降到只占9.2%，传统的爆竹、神香、火柴业只占7.1%。这标志着澳门已向现代化工业城市迈出了重要的一步。

1978～1987年间，是澳门工业发展的黄金时期，形成了轻重工业齐备的多元化的结构，不仅有现代化的纺织厂、水泥厂、钢铁厂、电池厂，还有电子、橡胶、化学、机械、金属制品、食品、饮料、皮革、电力等多种工业，成为澳门经济的主要支柱。这 10 年间，澳门工业品出口平均每年增长 27%。现代化工厂在 1972 年有 949 家，1974 年增为 1037 家。1989 年仅制造业工厂就达到 1240 家，工人 6 万多人，工业生产值达 75 亿元。1986 年的工业出口值为 86 亿元，1987 年激增到 113 亿元。这一年全澳门出口总值创历史最高水平。工业持牌工场所 1544 处，就业人数达 76248 人。工业的蓬勃兴旺带动了金融业、服务业、运输业、出口贸易和建筑业的发展。据统计，80 年代，澳门经济年平均实际增长率达 8% 左右，对外贸易实际增长率达 20% 左右。出口制造业是带动澳门经济业增长的主导部门，使澳门经济逐步形成出口制造业、旅游博彩业、金融保险业和地产建筑业等四大行业。工业在澳门经济四大支柱中排列首位。

澳门出口制造业的特点，一是产品 90% 以上销往海外市场；二是纺织品、成衣占出口产品的比重大，多年来一直为 70% 左右；三是外销市场主要在欧共体和美国；四是产业结构以劳动密集型为主。

必须指出，从 1988 年开始，澳门工业增长速度迅速回落，在生产总值中所占比重不断下降，1990 年仅增长 3.37%。目前工业下降的趋势依然存在，澳门工业的命运如何，值得人们关注。

历史悠久的旅游博彩业：旅游博彩业是澳门赚取外汇的主要来源，在澳门经济中有举足轻重的地位，主要包括旅游与娱乐两部分。

澳门旅游业历史悠久，十分发达。作为旅游观光的好去处，恐怕比香港还略胜一筹。

澳门开埠的百余年，是中国最早与西方接触的商港之一，是西方国家在东方所设的第一个天主教区和最早的宗教中心。悠久的中西结合的文化和历史，华洋共处的社会结构，不同的风土人情和城市建筑艺术，使澳门遍布名胜古迹，且富有特色。这里既保留了中国的传统文化，又融汇了西方的近代文明；既有中国古典园林式的亭台楼阁，小桥流水，又有欧陆风情，气势磅礴的西方建筑；既有尖顶高耸入云的西方教堂，又有庄严凝重的中式古刹庙宇；既有反映中国革命历程的孙中山纪念馆，又有反映西方文化的贾梅士博物馆。城市虽然不大，名胜古迹却不少。这里有东望洋山灯塔与西望洋山主教堂双峰对峙，可供游人登高远眺。还有白鸽巢公园、华士古花园、南湾公园、二龙喉花园、卢廉若花园、菩提园等去处，使人流连忘返。更有路环岛的黑沙环海滩、竹湾山水上活动中心等地可供人们拍浪戏水、尽情嬉戏于碧波荡漾之中。

娱乐业又称"博彩业"。所谓"博彩"，乃是赌博的雅称。1961年，葡萄牙海外部根据澳门当局的建议，颁布第1826号法令，"准许将澳门博彩业作为一种特殊的娱乐"，使博彩业具有合法地位。当年12月31日，泰兴娱乐公司承包期满。重新招标的结果，何鸿燊的澳门旅游娱乐有限公司以高出8万元的价格中标，获得博彩专营权。从此，澳门的赌业进入了一个新阶段。

所谓旅游博彩业实际上是由旅行社、酒家、娱乐场以及其他诸如典押、当铺等辅助性服务行业构成。其中"博彩"的作用尤为重要，每年吸引的几百万来澳游客中，90%与赌博有关。许多豪赌客固然一掷千金，即使是收入不高的澳门本地居民，也常常小试一番，称为"小赌怡情"。

为了配合旅游业的发展，澳门不断完善各种城市服务设施，已建成了大中小档次、管理严密、品种齐全、可供不同层次和不同要求的游客使用的酒店、旅舍、别墅、公寓等。小小的澳门，拥有东方、葡京、凯悦、圣地亚哥、皇都等5家五星级酒店，还有各种不同类型的酒家、旅舍100多家，拥有床位8000多个，更有各种酒楼餐厅100多家，小饮食店900多家，咖啡屋100多家，酒吧14家，夜总会、舞厅8家，台球室20多家。此外，还有适应各种旅客需要的娱乐健身设施。

澳门的专业赌场共有8处，最具代表性的是葡京酒店和水上皇宫赌场，以幸运博彩最为重要。还有跑狗场、赛马场、回力球场等亚洲独特的竞技与赌博兼有的娱乐。可以说赌博方式五花八门，应有尽有。

完善的服务设施，旖旎的海岛风光，使澳门成为旅游者的乐园，游客逐年增加。1961年只有51万人次，1965年达到百万人次，1977年突破200万人次。1991年增加到600万人次，1992年达到785万人次。就是说，一年当中来澳门的游客超过本地人口的十几倍。

每年数百万人次的游客给澳门带来可观的外汇收

入。据 1982 年统计，当年全澳门国民生产总值为 80 亿元，其中旅游收入占 25%。如按每位游客在澳门消费 1000 元计算，1992 年游客共消费 78 亿元，折合 10 亿美元。

博彩业的收入也不断增长。1988 年为 35 亿元，1989 年为 51 亿元，1990 年为 89 亿元。

澳门政府的博彩收入也是逐年增加的，1975 年仅有 690 万元，1976 年就达到 2000 万元，1981 年超过 1 亿元，1984 年超过 4 亿元，1988 年超过 9 亿元。1992 年超过 34 亿元，占当时澳门财政收入的 32.4%。1993 年超过 42 亿元。博彩税收入已成为澳门财政收入的重要来源。

迅速发展的金融保险业：澳门金融业以银行和保险为两大支柱，近年又陆续增加了黄金、外汇及股票投资业务。

银行业。葡国大西洋银行澳门分行于 1902 年 8 月 20 日开业。1905 年 9 月 4 日，它取得了发行澳门货币（PTC）的专利权。70 年代以前，它是澳门唯一的一家商业银行。当时与大西洋银行并存的商业金融机构，实际上只是各种形式的钱庄、银号等。

1970 年 8 月 26 日，澳门政府颁布了澳门银行法，使澳门金融业逐步走上正轨。从此，本地银号、钱庄能够转为注册银行，香港的银行也纷纷到澳门设立分行，包括香港汇丰银行、海外信托银行、诚兴银行、恒生银行、广东银行、商业银行、大通银行、南通银行、太平洋银行等。1980 年澳门货币暨汇兑监督署成

立。1982 年 1 月 11 日，澳门新纸币进入市场，面额为
5 元、10 元、50 元、100 元和 500 元五种。1983 年 1
月，法国巴黎银行、万国宝通银行、渣打银行、法国
东方汇理银行、国际信用商业银行和欧亚银行等六家
国际大银行在澳门设立分行，另有三家葡萄牙银行也
在澳门设立了分行。

到 1985 年底，澳门共有银行 23 家，分行 95 家，
雇员 2159 人，总存款额为 160 亿元，总贷款额为 71 亿
元。1988 年总存款额增加到 173 亿元，总贷款额增加
到 129 亿元。1991 年银行的总资产比 1987 年增加了两
倍，达到 768 亿元。五年中存款总额平均每年增长
30% 以上，总存款额达 399 亿元，总贷款额达 200 亿
元。1993 年澳门政府实施了新银行法，加强了银行的
专业化管理。不久前，中国银行在澳门发行澳门币新
钞，这是澳门经济生活中的一件大事。

保险业。澳门保险业已有 100 多年的历史。最早
由葡人开设的保险公司，当时不叫保险，而叫"燕
梭"。1912 年颁布了澳门保险法，20 年代，澳门已有
十几家"燕梭"，分别代理香港、美国、日本、加拿大
等国家和地区在澳门的保险业务，险种主要是火险、
水险和人寿险。抗战期间，保险业陷于停顿。战后逐
步恢复。50～70 年代有所发展。到 70 年代末，保险商
号与公司发展到 30 多家，保险种数超过 30 多种。
1981 年 12 月 28 日，澳门政府颁布第二个澳门保险法。
1982 年澳门货币暨汇兑监督署设立了保险业务监察委
员会，专门负责对保险事务的管理和监督。1981 年 12

月颁布第一个强制性保险法规《汽车民事责任强制性保险条例》。1985 年又颁布了第二个强制性保险法规《核准工作意外及职业病之损害赔偿权法令》（又称劳工保险法）。1989 年 3 月，重新修订颁布了保险法，大幅度提高了保险公司的注册资本。从此，澳门保险业进入了健康发展的轨道，保险金额不断上升，由 1982 年的 3000 万元上升到 1991 年的 3.5 亿元。目前，澳门已有 17 家大保险公司，最大的是中国保险公司澳门分公司，总资产额为 4568 万元；其次是葡萄牙的保险公司，总资产额为 1626 万元；再次还有圣保罗澳门分公司、联丰亨保险公司、汇丰保险（澳门）公司等，资产都在 700 万元以上。

新崛起的房地产建筑业。澳门房地产和建筑业作为一门新兴产业。是在 20 世纪 60 年代之后才真正发展起来的。

澳门地区目前每平方公里密度为 2 万人，是香港人口密度（每平方公里 5600 人）的 3.98 倍。澳门地少人多的矛盾十分突出。

澳门政府为了吸引外资，繁荣澳门经济，订有奖励建筑的条例。1956 年公布了准许楼宇以分层出售方式进行买卖的规定。1963～1966 年是战后澳门建筑事业空前兴旺的时期。由于西方经济和香港经济发展的带动，随着内地居民和海外华侨到澳门居住的渐渐增多，侨资充斥，楼宇需求猛增，使房地产业有较大的发展，开始兴建四层以上的楼宇。1963 年澳门置业公司由 10 多家增至 30 多家。1966 年建成楼宇占地达

2.43 万平方米，比 1963 年增加了两倍。但在 1966～1967 年，由于内地社会动荡及资金不足的影响，房地产业又急剧衰落。1970～1977 年，受香港股市和经济发展的影响，澳门房地产开始复兴，到 1981 年进入蓬勃发展期，落成的楼宇有 245 座，共 1428 层，新旧楼宇及地段成交共 3399 单，创历史纪录。但随之又经历了三年的萧条时期。从 1984 年开始进入稳定发展期。

澳门房地产的真正兴旺发展，是在 1991 年中葡《联合声明》签署之后，澳门政府修改了土地法；其次，拍卖土地也刺激了房地产的发展。1991 年下半年的地价比 1990 年上升了近一倍，楼价也上升了近一半。当年 10 月，澳门首次出现了排队买楼、供不应求的现象。1992 年澳门地产市场继续看好，地价继续上升，成交量和成交金额比上年上升 16%。

根据中葡联合联络小组商定的原则，每年由中葡土地小组讨论通过的批地 20 公顷进行公开拍卖，但实际上每年批出的土地均逾 30 公顷。1988～1992 年五年共批地 185 公顷。1993 年批地最少，但也有 32 公顷。到 1993 年 3 月，中葡土地小组中方所获得的留给未来特区政府的土地基金已达 28 亿元。

据 1991 年统计，澳门共有永久性的房屋和大厦 16421 幢、木屋 5100 多间，大部分是 1980 年以前建造的。1981 年之后新建造楼房 2421 幢，绝大多数建在澳门半岛上，建在离岛上的很少。

澳门土地资源十分有限，目前可供建设的现成土地已经十分稀缺。1993 年，就人口密度最高的澳门半岛而言，已经甚少现成的土地可以供应。因此，新的土地来源只能依靠两个途径获得：一是继续大规模填海造地；二是收购低矮住宅区并进行重建，也就是拆旧房盖新房，向高层发展。

澳门经济迅速发展的原因 第一，澳门是一个开放的自由港。企业经营自由、货物进出自由。澳门只对少数入口货物征收进口税，税率也低于香港，纯利税最低仅为 2%，最高也只有 15%（香港为 15.6%），薪俸税为 3% ~ 11%（香港为 5% ~ 25%），对投资者有较大的吸引力，澳门被认为是当今世界上投资环境最好的地区之一。近 20 年来，外来投资已达 20 多亿元，其中投资企业占 70%，从而大大加速了澳门工业现代化的步伐。外资办厂还带来了先进的技术和科学的管理方法，带动了澳门工业的改造和更新，提高了劳动生产率。

第二，澳门出口产品获得优惠待遇。澳门是一个关税独立地区。1957 年葡国法例向澳门开放了葡属地区市场，吸引了一些工业投资，特别是香港资金、人才和技术的输入。60 年代后期，欧洲市场对香港输出纺织品进行限制，澳门不在受限制之列，因而不少港商前往澳门投资，或将订单分配给澳门生产。1971 年欧共体和日本、瑞典、新西兰、澳大利亚、美国和加拿大等国家实行的优惠政策，对澳门的各种非成衣制品出口十分有利，促进了相关工业如玩具和人造花工业的发展。1982 年澳门有 20% 的出口商品享受这一优惠。70 年代末期以来，澳门直接或间接参加了《关税及贸易总协定》和《多种纤维纺织品协定》，成为正式成员。由此澳门出口的纺织品也享受这一优惠待遇，从而使澳门出口的纺织品在激烈的国际市场中占有一席之地。此外，由于历史的原因和传统的关系，澳门与欧共体及拉丁语系国家有着密切的联系。欧共体对澳门实行三项优惠政策：纺织品配额制、普通优惠制和国际投资伙伴计划。这是澳门独享的优惠，其他亚洲国家是无法达到的。

第三，中国实行改革开放政策。1979 年在毗邻澳门的中山县设立了珠海经济特区，大大促进了澳门与中国内地的经济联系。澳门作为"窗口、桥梁"和中转港的作用大大加强。大量的汽车、电器、纺织品等货物由澳门进入内地；同时，大量内地货物也经由澳门出口境外。1981 年澳门由内地进口货物达 13 亿多元，比 1962 年的 7000 多万元增加 17 倍。

第四，澳门有优越的地理位置和日趋改善的城市基础设施。澳门与香港分处于珠江口伶仃洋东西两侧，与香港相距仅 61 公里，北与珠海拱北为界，以美丽富饶的珠江三角洲为经济腹地。澳门又处在太平洋西岸经济发展带的生长点上。其四通八达的交通条件，使澳门同内地及世界 110 多个国家和地区可以方便地进行贸易往来。近年来不断改善港口条件，使航道水深保持在 7 米左右，底宽 70～100 米，便于大型船只来往。1995 年 11 月澳门国际机场正式建成并通航。此后，澳门与台湾正式通航，"允许换机号，不换机"，实行从台湾经澳门"一机到底"的方式，与大陆空中直航。从而为海峡两岸架设了一条空中走廊，使澳门成为联系台湾与大陆的重要纽带。

第五，澳门有充足而又廉价的劳力。澳门现有人口约 43 万人。自 1976 年以来，澳门人口净增加 10 万人，大都是由中国内地来的青壮年移民，为澳门各行各业提供了充足而又廉价的劳力，形成了澳门低工资的优势。目前，澳门每小时劳工价格为 0.64 美元，比香港每小时 1.4 美元低好多。即使考虑到技术水平和劳动生产率较低的状况，工资仍然比日本、中国香港、韩国与中国台湾低好多。这对澳门发展劳动密集型产业十分有利，使澳门的产品成本较低，有利于在国际市场上进行竞争。

8 澳门中华总商会

澳门中华总商会又称澳门商会，正式成立于 1913 年 1 月初。它是澳门工商界中影响最大、建立最早的一个社会团体。

1911 年以前，澳门工商界并无自己的社团。每当发生纠纷，一般都是由镜湖医院出面协助解决，当中有诸多困难和不便。

1911 年，华商萧瀛洲等人筹备建立商会。1912 年 12 月，获葡萄牙政府批准立案，成立澳门商会。1913 年，澳门商会正式宣告诞生，萧瀛洲被推举为首届总理。当时商会没有会所，只好把办事处临时设在暂借的同善堂。

澳门商会从成立起，便与内地建立了联系，以"游澳华商总会"的名义，获当时的中国政府工商部批准立案。1916 年，该会正式定名为澳门中华总商会。1930 年，商会募款在议事亭前地购置会所。议事亭前地因地处议事亭前而得名，是澳门闹市区的中心。至今，澳门中华总商会仍设在这里。

中华总商会成立初期，澳门还是一个保守、落后的手工业城市，澳门半岛和凼仔、路环还没有联成一体，只能用渡海小轮维持交通，外贸额更是微不足道。现在的澳门人口已超过 50 万人，现代工业已初具规模，传统的爆竹、神香和火柴业已逐渐被制衣、针织和电子业所取代，产品销往五大洲。建筑、金融和旅游娱乐等行业也有了蓬勃发展。由于澳门半岛至凼仔间的大桥和两个离岛之间公路的建成，澳门的三部分已成了一个整体。

商会的发展也经历了一个漫长的过程。商会成立初期，仅有会员几十人，服务范围有限。其后开办了阅书报室、商训夜中学、青洲小学，长期为社会文化教育事业贡献力量。新中国成立后，该商会为澳门同胞及工商界实现爱国团结作出了巨大贡献。今天的中华总商会，会员已超过 3500 多人，代表性强，成为澳门各行业中的一个大家庭。

澳门中华总商会虽然是一个商业团体，但长期以来，担负过维护澳门居民利益，救弱扶危，排难解纷的使命，深为各阶层人士倚重，被许多人视为民意代表。它在发展同内地的贸易往来，加强澳门工商界的爱国团结、促进中葡友谊等方面，发挥了无可代替的作用。

1951年，华南特产展览交流大会在广州举行，中华总商会组织澳门工商界前往观光、洽谈贸易。其后又组织澳门工商界赴湖北等地参加贸易活动，这可以说是他们建立澳门与内地经济联系的良好开端。

在澳门对外贸易中，总商会也起着重要作用。1962年8月，组织商业考察团访问非洲；1981年5月，组织考察旅行团赴葡萄牙及欧洲其他国家访问，既了解了外国市场，又介绍了澳门商情，对促进澳门与外国的经济往来大有裨益。

1958年底，澳门中华总商会连同其他各大社团代表，向广东省及中山县政府请求协助解决澳门居民吃水问题。结果获允在竹仙洞及银坑两地分别修建水库，专门供应澳门食水。80年代初期，随着澳门人口激增，缺水矛盾再次突出。澳门自来水公司又在珠海大锐山水库及南屏河引取淡水，使澳门居民的吃水问题得到解决。

在社会救济和社会福利方面，澳门中华总商会做了大量工作。例如，1950年青洲区木屋大火，总商会与各界捐款重建木屋。第二年，它在这里创办了青洲平民识字学校即青洲小学。1955年，商会又捐款救济全澳失业工人及贫苦同胞。1957年救济马场火灾及提督马路火灾同胞。1979年，该会向林茂塘火灾灾民捐款慰问。

澳门中华总商会向有爱国传统。新中国成立以来，每年 10 月 1 日国庆节，都举行联欢聚餐、酒会等庆祝活动，并派出代表参加全澳同胞国庆活动的筹备工作。

此外，澳门中华总商会的各附属部门也有了很大发展。如有 40 多年历史的阅书报室现有藏书近 3 万册，中西报章杂志数十种，是澳门较具规模、读者众多的公共图书馆。

澳门中华总商会新大厦于 1989 年竣工。该大厦建筑面积 2.6 万多平方米，投资总额达 4000 多万澳门元，大厦设计 21 层，占地面积 1400 多平方米。

澳门中华总商会主席马万祺投资房地产等多种项目。他曾与中建公司、大丰银行等在澳门半岛东北角的黑沙环投资填海，建立了工业区和劳工住宅。他还与港澳友人一道，投资支持家乡各项公益事业，在南海、珠海、佛山、北京、四川等地建立合资企业。

澳门中华总商会在澳门工商界的支持下，将为更大程度地参与澳门社会发展作出难以估量的贡献。

三　澳门文化与社会

印光任、张汝霖著《澳门纪略》

　　《澳门纪略》是清人印光任、张汝霖合著的一部记述澳门地理、历史和社会风情的著作，也是我国古代方志中专记澳门的惟一著作。它产生于清代乾隆年间，即 18 世纪中叶，这时上距葡萄牙殖民者开始占据澳门的时间约 200 年之久。这 200 年当中，葡萄牙人锐意经营澳门，将其作为它在远东进行殖民活动和国际转口贸易的基地。继之而来的其他西方资本主义国家，亦把澳门作为他们来华从事贸易及传教等活动的落脚地和过冬场所。澳门在中西关系中扮演着十分重要的角色。明清两朝政府和地方官吏在加强对澳门主权管理的同时，亦日益感受到居住、逗留在澳门的葡萄牙等国殖民者对中国所构成的威胁，越来越重视澳门，不断寻求抵御和控制的对策。《澳门纪略》一书的出现既反映了当时澳门作为中西贸易和交往的中心这一历史地位的空前提高，亦反映了中国官方与知识界对澳门的重视，以及加强中国海防、抵御西方侵略者的愿望。同时它在一定程度上表现了当时中国一些文官知识分子朦胧的了解西方、认识世界的要求。

《澳门纪略》的作者是两位曾在澳门任过地方官的知识分子。印光任，字黻昌，号炳岩，江南宝山人（今上海宝山县人）。雍正年间由廪生举孝廉方正，分遣广东为官。历任石城、广宁、东莞等地知县，颇有政声，尤长于经办中外交涉事件。1744年清廷选派他担任第一任澳门同知。在任内，他忠于职守，首订管理番舶及寄居澳门夷人规约7条，加强了中国政府对澳门的管辖，并能妥善地处理各项涉外事端。后来他曾担任过南澳同知、广西庆远、太平两府知府，因事去职，终年68岁。生平还著有《炳岩诗文文集》、《翙薪编》、《补亭集话》等，今存者只有《澳门纪略》。

另一位作者张汝霖，字芸墅，安徽宣城人，生于1709年，卒于1769年。初由拔贡生保举知县事，先后在广东河源、香山、阳春等地任知县。1746年授澳门同知事，1748年实授澳门同知。任内曾报请封禁向中国人传教的"唐人庙"。1748年发生葡兵亚玛卢、安哆呢在澳门杀李廷富、简亚二一案，张汝霖反复与澳葡总督若些交涉，事获解决，并制定《澳夷善后事宜》12条勒石刊布，一块树立在议事亭，一块在澳门县丞衙门。但终因凶犯亚玛卢等被若些遣送到帝汶而受到清廷申斥，并降职去任，不复为宦。平生好诗文，除《澳门纪略》外，还著有《辛辛草》、《吴越吟》、《耳鸣集》等，今多散佚。

《澳门纪略》草稿本最初由印光任在1745年任澳

门同知时写成。他离任时将其稿本交给了上任的张汝霖，希望两人共同完成它，但稿本被徐鸿泉丢失。1751年印光任与张汝霖在潮州相逢，重提旧事，合作写成《澳门纪略》。此书乾隆年间付梓，是初刊本。最晚不过在1782年后有重刊本，被收录在《四库全书总目》、《昭代丛书》及《如不及斋丛书》中。

《澳门纪略》全书共分两卷三篇。上卷包括形势、官守两篇。其中形势篇记澳门的地理形势、山海胜迹及潮汐风候等。官守篇记载澳门历史沿革，主要是葡占据澳门的经过和明清两代中国政府在澳门设官置守、施行管辖的情况。下卷澳番篇，着重记澳门西方人，主要是葡人的体貌服饰、生活起居、习俗风尚、物产器具、船炮技艺、语言文字等，同时对当时来华贸易的各国和地区的情况作简单的介绍。

印光任、张汝霖二人都曾在澳门任过职，他们是对西方事物有一定接触的知识分子。书中所记不少取自衙署档案、簿册，或者是亲身经历与见闻，因而极具史料研究价值。印、张两人在诗词方面有一定的造诣，《澳门纪略》在与正文相关处，注录了他们和友人吟咏酬唱的不少诗作。这些诗作实际上充当了正文的注脚，有使正文形象化的作用。此外，书中还附有许多幅插图，用形象的画笔给人们留下了有关当时澳门自然与社会风貌的若干真实记录。如澳门地图、海防属总图、前山寨图、澳门县丞衙门图、关部行台图、议事亭图、中外人物形象、轿子等都是十分难得的珍贵史料。

由此可见，《澳门纪略》对于研究澳门早期历史和明清之际的中外关系有重要价值，是有关研究者必读的一部中文典籍；同时亦是一部了解澳门历史、地理变迁、饶有兴味的知识性读物。

《澳门纪略》不可避免地带有时代的局限性。当时的作者尽管在对西方事物的了解程度上已属国内的佼佼者，但其眼界仍然十分狭窄，他们的思想还封闭在"华夏"与"蛮夷"的传统模式之中，他们对西方文明基本上还处于懵懂无知的状态。他们没有搞清在澳门的葡人就是 200 年来居住澳门的"佛朗机人"，而不是所谓的"大西洋人"（即意大利人）。书中将西班牙与葡萄牙相混，葡萄牙与法国相混，英国与荷兰相混等张冠李戴的情况时有发生。此种错误多系沿袭《明史·佛朗机传》等书的说法未加考辨而致，但也反映了当时中国人对世界知之甚少，认识了解过程相当缓慢的状况。

妈阁古庙

妈阁庙是澳门庙宇中最古老的一座，已逾 500 年的历史。早在葡萄牙人占据澳门以前，它已矗立在澳门海岸了。

妈阁庙又称妈祖阁，是澳门专门供奉天妃的庙宇。"妈祖"是闽语，即母亲之意，所以外国人早期称妈阁庙为"阿妈"庙，澳门也被称之为"阿妈 A-ma 神的地方"。

妈阁庙在建寺之前，后面是一座倚山傍海的妈阁山，地势险要，《澳门纪略》称"娘妈角，一山嶕然，斜插于海，磨刀犄其面，北接蛇埒，南直澳门，险要称最"。

宋军曾占据娘妈角与元军对抗。史载 700 多年前，几十万南宋军民拥着南宋小皇帝，与众元兵在十字门海面相遇。宋将张世杰曾令炮手据此险势，与在大小横琴、九澳、凼仔的高地的宋军炮手互相配合，使元兵折羽而离开。

妈阁庙建寺在明朝万历年间。其背景充满传奇色彩。传说妈祖是一位女神，福建莆田人，宋朝时代的女性，自幼聪明，得老道秘传法术，具有神通，经常在海上搭救遇难船只，其后升天而去。人们感其美德，尊为海神天后，渔民多信奉。明万历年间福建的商船远航南下，不幸被飓风所创，危在旦夕，此时忽见有神女立于山侧，一舟遂安。这些福建的商民后在此地定居，后人立庙祭祀，并名其地曰"娘妈角"。渔民们每年到农历三月二十三日天后诞辰，都要到妈阁庙拜祀，春节更是如此。神诞期间，香火缭绕，热闹非凡。

妈阁庙的几个殿堂都是奉供天后妈祖。其中弘仁殿可能建于明孝宗弘治元年（1488），面积很小。其殿以石材建成，飞檐翠瓦，四周石壁，傍雕海魔神将，古雅斑斓。弘仁殿的名称是纪念颂德的意思，殿门刻联"圣德流光莆田福曜，神山挺秀镜海恩波"就是在颂扬天后美德。后因殿小难容更多香客朝拜，遂又增建石殿、大殿，三处均以天后为主神。

妈阁庙内文物古迹甚多，其中"三奇石"——洋船石、海觉石和蛤蟆石尤为出名。洋船石名称由来是因为石上刻有一艘中国古代出洋的海船。该石刻色泽鲜艳，形态精致，篷舱齐全，有桅杆三枝，上书"利涉大川"四个大字，船头刻"大服"一对，俗称"大眼鸡"，这是中国古代帆船的形态。原洋船石只有一块，在石殿旁，毗邻"正觉寺院"，高逾丈，近海边，已有400多年历史。同治年间有人又在大殿侧空阶中，再刻海船一艘。这两块石刻的洋船都与天后的传说有关。

海觉石在娘妈角左，壁立数十寻，有墨书"海觉"两字，字径逾丈。

蛤蟆石原在庙门前海滩上，其形状椭圆，颜色青润，每当风雨潮汐则咯咯有声，恰如蛤蟆叫声。相传蛤蟆石上刻有"妈祖阁渡头"。此渡头是葡人初来澳门时登岸的地点。葡人初到澳门时向居民询问，葡人将妈阁二字误听为"马交"，此后 Macau 便成了澳门的洋名，流传迄今。这块奇石，早在清同治年间被填平，成妈阁庙前广场的一部分。

妈阁庙山间布满摩崖石刻，是几百年来名士、官员到此游览后的题字刻石。最古老的摩崖石刻是"海觉"两字，是由林国桓勒石题刻，并有七律诗一首："水碧沙明远映鲜，莲花仙岛涌青涟。岸穷海角应无地，路转林深别有天。一任飞潜空际色，半分夷夏杂人烟。此心已托南溟外，独坐忙荫觉妙禅。"此诗描绘了澳门当年的秀丽景色和华洋杂处的特色。

最大的摩崖石刻是"太乙"石刻，出自李谦堂手笔，刻于妈祖阁后山左上方岩石上，字径逾丈，刻于1828年4月。此时正值妈祖阁大兴土木维修及兴建殿堂之时，并在弘仁殿旁建道场，又称正觉禅林。"太乙"是道的别名，亦有天神之意，含道家哲学理论。

石刻题诗背后都有一段故事。每个石刻题字人物都去过香港，之后回广州，又来过澳门的。这些人物中有道光年间到香港与英国签署子口税章程的封疆大吏，亦有广东地方官。其中有钦差大臣耆英、广东布政使黄恩彤以及潘仕成、赵长龄等。潘仕成字德畲，广东番禺人。这个广州首富，为洋商办盐起家，官至布政使衔，在广州创立海山仙馆。道光二十四年（1844）他随钦差大臣耆英、布政使黄恩彤、赵长龄侍御等来到澳门，与美国政府特派外交全权特使顾盛在望厦村签订不平等条约《中美望厦条约》。签约后他们这些人同游妈阁庙，题下了"欹石如伏虎，奔涛有怒龙，偶携一尊酒，来听数声钟"。黄恩彤题"苍山峨峨，碧海回波，仗我佛力，除一切魔"。

妈阁庙门前一对石狮，雕工精美，栩栩如生，相传是300年前清人的杰作。

如今妈阁庙不仅是宗教场所，而且是澳门历史名胜，背山面海，风光绮丽。大殿、弘仁殿、观音阁等建筑物分布山间，曲径旁通，风景幽雅。每到妈阁庙天后诞及春节，该庙值理会总搭棚演神功戏，娱乐观众，已坚持几十年，是澳门百姓日常生活中的一桩热闹事。

🌀 3 贾梅士与贾梅士博物院

澳门现在的白鸽巢公园及东方基金会的会址原名是贾梅士公园和贾梅士博物院，都是缘出于纪念葡国诗人贾梅士。如今岁月沧桑，许多情形已改变，只有公园里面的贾梅士洞和后来树立的塑像才使人想起他。

贾梅士1524年出生在里斯本的名门望族，父亲本为勋爵，但贾梅士出世时门祚衰微，幸赖叔父教养，送到大学读书。他早年便擅吟咏，颇受葡王约翰三世赏识，得以出入宫廷。因遭权贵所忌，后被摒弃出宫。贾梅士愤而从军，到北非摩洛哥。1548年在一战役中，右眼被炮火所伤而失明。

失去右眼的贾梅士自尊心大挫，便离开战场，1549年回到里斯本，生活贫困。1553年再度从军，到印度果阿服役，后因写诗得罪了果阿的总督，被逐到澳门，在澳门居住了两年，任无名产业的管理人。因债务关系，1558年他被召回果阿，之后几经周折，得朋友们为他筹足旅费，始于1570年从莫桑比克返回里斯本。1580年，里斯本痢疾流行，这位一生艰苦、曲折、无妻无儿的诗人病逝在老人院中，时年56岁。

贾梅士一生最大的爱好的就是写诗。他所写的剧本有《宴会主人》、《菲卢德姆》、《寮古》和许多十四行诗、哀歌、讽刺诗。其中最为著名的是长诗《葡国魂》，后成为世界名著之一。他的作品对葡萄牙民族文学的发展有很大的贡献。

相传他在澳门的二年中，每于空余时间，常到当时凤凰山（今白鸽巢公园）低回吟咏，《葡国魂》及其他诗篇都是在澳门完成的。《葡国魂》主要描述葡萄牙航海家达·伽马发现通往印度航路的经过。这条航路的发现既推动了欧亚商业、文明的沟通，同时亦成了葡萄牙及其他欧洲国家掠夺殖民地的开端。因而达·伽马成为葡国的英雄。《葡国魂》以其美妙的语言，抒情地描绘了这位英雄，并讴歌了葡萄牙向海外冒险的民族精神，此诗被译成多种文字，影响很大。

为纪念这位诗人，后来葡萄牙政府将他病故的6月10日定名为"葡国日暨葡侨日"，澳葡政府亦为了纪念贾梅士在澳门的日子，命名了贾梅士洞、贾梅士花园、贾梅士博物院及贾梅士马路。

今白鸽巢公园原是树木郁森的凤凰山，其山冈处原有一天然石洞，相传贾梅士经常到此。此洞曾名"五金石洞"、"读书洞"、"观星古屋"、"贾梅士洞"，如今通称贾梅士洞以志纪念这位落魄的诗人。清嘉庆年间在山顶上建起贾梅士纪念亭。1840年葡人马忌士在巴黎订造了一座贾梅士半身铜像，后被毁去。1866年他又托人铸造一座新铜像，重建一中式凉亭。凉亭在1874年大风中被吹掉。后人又刻上中文碑文，详述贾梅士的生平与成就。此处成为澳门的"胜地"及古迹。

贾梅士花园是由葡商俾利喇所开发。俾利喇在凤凰山下建住宅，筑围墙，使凤凰山面貌为之改观。俾利喇的住宅是三层楼房，曾租给英国东印度公司作为官邸，后因顶层被白蚁所蛀而拆去。

俾利喇去世后，将其产业留给未足 1 岁的女儿，其女后嫁给富商马葵士。马葵士死后，遗嘱将住宅捐给政府作为纪念贾梅士之用。数年后，澳葡当局将这一带开辟成贾梅士公园，但因马葵士生前喜鸽，建鸽巢多幢，寓所一带早有"白鸽巢"之名，一般的百姓习惯以"白鸽巢公园"称之。且沿袭至今。

俾利喇的住宅后来有很长一段时间作为贾梅士博物院的院址。在改作博物院之前曾作过政府的贮物室、工务局和官印局。

贾梅士博物院开办于 1927 年，初期院址并非在此住宅内，1937 年才迁来此处，并与官印局同处一室对外开放。1960 年官印局迁走，正式成为博物院（又称澳门市立博物院），重新向市民开放。

贾梅士博物院的初名为"贾梅士商业及人种博物陈列所"。室内陈列古代枪炮数尊，大量收藏中国文物，如陶器、铜器、古银及历史人像，尤以澳门历史故物、佛山陶瓷、中国殿帖、宫廷画、名家扇卷最为珍贵。

其中佛山石湾陶瓷是院中精品中之精品，在石湾本地和中国其他地方都没有这样高级的陶塑保存下来，具有难以估计的艺术价值与历史价值。其中 7 件陶塑出自清末民初最著名的陶塑艺人潘玉书之手。当时澳门著名葡人律师文弟士高度评价石湾陶塑，把它与法国罗丹的雕塑相提并论。文弟士出钱定购了 8 尊无釉的塑像，由潘玉书、陈渭岩、黄炳守精心雕塑，是传世之作，其中 7 件成为贾梅士博物院的收藏品，是澳门地区最珍贵的文物。"七翁"、"李铁拐"、"华佗"、"老妈"等塑像均生动传人，足见艺人精湛的技巧和丰富的想象力。

贾梅士博物院多年来是澳门文化的宝贵象征。可惜 1989 年澳葡政府将博物院院所卖给了东方基金会，作为该会在澳门的会址。博物院亦结束了历史的使命，其藏品陆续被转移到澳门综合艺术大楼中，这不能不说是一桩遗憾的事。

"东方梵蒂冈"与大三巴牌坊

"东方梵蒂冈"是指澳门历史上的大三巴教堂（又称圣保禄教堂），17 世纪初建时曾美轮美奂，是欧洲传教士到远东传教的重要基地。1835 年一场无情的大火将巍峨壮观的教堂化为灰尘，只留下仍能见到昔日风采的残存教堂前壁，即大三巴牌坊。

大三巴教堂是昔日西方教会势力在远东包括中国之内发展鼎盛时期的象征和缩影。

从 1554 年起，耶稣会的传教士便络绎来到澳门，并逐渐把澳门作为向中国、日本、朝鲜及东南亚传教的基地。法兰西斯卡·皮莱兹和特谢拉传教士是创建小教堂的主要人物，也是大三巴教堂最初的创始人。1586 年盖了一所草木结构的小房子作临时的教堂，既是传教的场所，亦是当时前往日本、中国传教的耶稣会士的栖身之处。

1580 年后澳门的贸易进入繁荣时期。通过澳门，中国、日本与拉丁美洲、欧洲之间都有了航线，丝绸贸易极为兴盛，这为澳门葡人及一起参与经商的耶稣会士积累了巨额的财富。一些耶稣会士在募集了大笔经费后，决定重建曾多次遭受火灾的小教堂。

工程从 1601 年动工，建筑采用了巴洛克的建筑风格，动员了大量的中国教徒和日本教徒参与其事，花了整整 40 年的时间才全面竣工。当年的造价是 3 万银币。教堂的装饰出自约翰（John Nicou）神父的日本学生之手。日本教徒主要负责教堂正面的装潢及其他房舍的施工。

这座新教堂气势不凡，教堂全长 50 多米、宽 20 多米，墙高 40 多米，占地 1200 多平方米，主要采用了欧洲中世纪文艺复兴时期的意大利形式，具有浓郁的古典风格和气息，成为当时东方最为壮观的教堂。东来的传教士来澳必到大三巴教堂瞻仰。阿儒达（Ajuda Librury）在报告中描述这座教堂说："很美很精细的木刻镶在墙上，有花园、花窗，辉煌灿烂。"印光任、张汝霖在《澳门纪略》中亦称大三巴教堂是寺中之首，石作雕镂，金碧照耀。教堂外形似古老大钟，半球形的拱顶上有教堂的十字架标志。整座教堂绿树环抱，高高矗立在山坡上，两岸海光山色一映眼底。

大三巴教堂的主体由三座教堂、二个祭坛、三个墓穴组成。主堂又名耶稣堂。教堂正门设计了三座拱形屋顶，全用石头堆砌而成。每个小教堂都有塔形圆顶，墙与墙之际都铺设了优质的木材，结构牢固。主堂中央是一尊耶稣塑像，四周镀金。教堂的三个墓穴埋葬了数百名来中国及日本传教的欧洲及一些日本教徒。

教堂外有一块很大的园地，作为活动场所。教堂与前壁都用高高的围墙相连。起初教堂无钟，后来信徒捐了7000两银子建造一座钟塔和梯级。钟楼内有5台从法国运来的德国制造的钟。当时有人描写说："有定时台，巨钟覆其下，立飞仙台隅，为去撞形，以机转之，按时发响。"然而1835年一场大火从天而降，使雄伟的教堂毁于一旦，挽救无力，只余前壁和68级石阶而已。

经历了300多年的牌坊，如今仍屹然挺立，让人难忘。牌坊正面有五层，上面的图案、文字、浮雕、铜像都充满了宗教色彩。第一层十字架之下是巨大的铜鸽，双羽伸于日月与四星之间振羽欲飞，象征天主神圣，三角型的顶饰及4个珠子都有东方意味。第二层中央是一些天使及教会创始人圣保罗与圣伯多禄的塑像，壁龛饰以菊花带，绳子表示耶稣受难、两头东方狮子象征力量与勇敢。第三层正中供着铜塑的"圣母玛丽亚"的像，圣母双手交叉于胸前，四周嵌镶玫瑰花，两旁格子里是6位恭敬的天神，或祈祷、或献香。饰物有箭、生命之树、七头龙、骨架与镰、刀、微笑的狮子，都有宗教意义。第四层是耶稣铜像，右边浮雕为耶稣身旁的圣人。最低一层门楣上刻有拉丁文字，所有雕刻均十分精美。

圣保禄教堂是17、18世纪传教士在东方的圣地，它为传播宗教文化、科学技术发挥了重大作用。据后人统计，进入中国传教的 300 多名传教士都在大三巴教堂呆过，并在设在大三巴教堂的学院里学习过。利玛窦、范礼安、金尼阁、汤若望等曾在澳门大三巴教堂居住了相当长的一段时间。他们后服务于清廷，为中西文化交流作出了贡献。

大三巴教堂初为耶稣会士所建并管理。但 1759 年以后耶稣会受到澳葡当局镇压，他们的一切财产包括大三巴教堂统统被没收。大三巴教堂内的几千册珍贵图书被贱卖给商人，使澳门丧失了一笔难以估算的文化遗产。教堂成为葡萄牙教会力量的集中地及主教府。

如今慕名到大三巴教堂遗址，看牌坊昔日风姿的旅客有的可能对其历史知之不多，只因为它经历几百年风雨侵蚀而不倒，将其视为奇迹。这正是这座经典之作的不平常之处。

5　马礼逊与基督新教的传入

马礼逊（Robert Morrison）是第一位来华传教的基督教新教传教士，同时又是一名汉学家，著述良多。马礼逊为英国人，1782 年生于莫佩斯，1804 年加入英国伦敦传道会（London Missionary Society），1807 年 1 月按立为牧师，同年受派来到中国。

当时中国的广州、澳门是外国人经商、传教、开展文化活动的中心，而控制宗教活动的势力是天主教会。天主教会在澳门等地已传教二三百年，已有较深的根基，而且有严密的组织和庞大的传教队伍。他们一直抑制基督教到中国传播。

马礼逊初到中国时,在英国东印度公司驻中国的商馆谋到一个秘书职位,隐瞒了自己的真实身份,秘密在广州及澳门传教,避免让澳葡当局及天主教会发现他的使命与身份。他请得满人高先生和另一位罗谦学生教中国经史之学,并聘容三德与李秀才等人教他学中文。

马礼逊很快学会讲广东话和书写中文,在东印度公司的地位也得到提升,成为日益重要的翻译人才。这为他传教创造了良好条件。

1808和1810年,他先后雇用了蔡高和梁发,把他们发展为第一批基督教新教的中国传人。蔡高是广东香山人,1788年生,后在东印度公司澳门印刷厂工作,1808年与马礼逊相识,1810年开始听马礼逊布道。1814年他在澳门东望洋山侧海滨秘密受洗,成为中国第一位新教徒。其后其兄弟蔡兴、蔡三先后加入新教。马礼逊在为蔡高洗礼时说"祝其成为将来收获之初果,成为归信得救的百万计中国人之一"。梁发是马礼逊所收的第二位中国教徒,他出生于1789年,1810年起受雇于马礼逊,刻印《圣经》中译本,1816年洗礼信教,1819年著《救世录撮要》,成为第一份中国人撰写的布道文字。1823年,他被马礼逊按立为第一位中国牧师。

马礼逊的秘密传教工作逐步进行,其他新教传教士如米恰、叔未士、裨治文等亦陆续到澳门。1809年马礼逊在澳门结婚。1812年清政府下令禁止印刷中文基督教书籍，马礼逊一直尊奉伦敦传道会给他的任务，"有幸可以编一本汉语字典"，"更有幸能翻译圣经"。1813 年，米恰牧师（Willian Miline）从马六甲到澳门相助，马礼逊翻译《圣经》的愿望终于得以实现，1813 年正式出版《新约全书》汉译本。以后他还陆续译出《古时如氏亚国历代传略》、《西游地球闻内略传》、《神天道粹集传》、《道论赎救世总说真本》等几十种书籍。

马礼逊还指导梁发、屈昂等人深入广东内地传教，秘密发展新教徒。梁发还写出著名的《劝世良言》（后对太平天国革命产生重要影响，是其理论的基础）。1828 年他还与人在内地开设第一所基督教学校，不久被查封，后迁居到澳门，协助马礼逊工作。

马礼逊为使传教事业迅速得以扩展，花了大量的时间来编字典。他深刻了解到要在中国传教，必须源源不断地培养人才。他呕心沥血，写下不少供英国人学汉语、认识中国的书。这些书亦使中国教徒更好地了解基督教的教义。1812 年马礼逊用英文写了一本《中国文法》；1815～1823 年他花了整整 8 年的时间编纂《华英字典》，共 6 大本，其中包括《中文字典》、《五车韵府》、《英汉字典》。仅从《康熙字典》收进的汉字而加以英译的就达 4 万余字。这一部巨著为他赢得极高的个人名望。当时人评论他说："马礼逊，万世不朽之人也。以勤学力行，以致中华的言语文字，无不精通。迨学成之日，又以所得于己者作为《华英字典》等书，使后人之习华文汉语者，皆得借为梁津，力半功倍。"

马礼逊对传教事业矢志不移，他利用东印度公司职员的身份活跃在中外社交圈中，而且他的活动及传教工作还得到东印度公司经济上的大力支持。他不遗余力地了解搜集中国的资料，并把中国与东方的消息传回欧洲。他在中国潜居期间，曾经倾囊购买中国书籍，冒险带回欧洲的有万册之多。后他将这批书籍赠送给了伦敦大学前身的一所学院。

他还在国内外主编、创办和支持多份报刊的出版。1815 年他和米怜在马六甲创办中文《察世俗每月统纪传》，后在广州办《广州志乘》。1830 年，他发起组织广州基督教联合会（The Christian Union at Canton），创办《中国丛报》（即《澳门月报》），在澳门办《杂文篇》，并长期为这些英文报刊撰稿，专门介绍中国见闻；1833 年在广州还出版《东西洋考每月统纪传》。

1817 年，他还写了《中国一览》（A View of China），论述中国历代的政治、疆域、宗教和风俗，是当年西方认识中国的通典之一。

马礼逊 1824 年回国，在许多教堂演讲，1826 年重返澳门定居。1834 年出任英驻华商务监督律劳卑的秘书兼翻译，在英国政府侵华活动中充当了帮手。

1834 年马礼逊在澳门去世，但他所开创的新教事业已有相当的基础。1835 年新教教会人士裨治文、罗伯逊、奥利芬、马儒翰（马礼逊之子）等发起组织马礼逊教育协会，以介绍马礼逊事迹及推广教育为宗旨。到鸦片战争时，基督教新教伴随血腥的战火，依仗列强的军事力量很快将影响、势力扩展到全中国，这是马礼逊在世时所未能预见到的。

6 风情画家钱纳利

乔治·钱纳利（Gorge Chinnery），爱尔兰人，1774年1月5日出生在英国伦敦，是19世纪在东方很有名气的风情画家。

钱纳利从小热衷于绘画，早年曾在英国皇家美术学院随雷诺习艺。他在英国水彩画的黄金时代成长起来，富有才华。1807年到马德拉斯，在宴会上差点遭毒蛇攻击。然而他以惊人的聪明把毒蛇引诱开并打死了它。钱纳利后来一直对别人讲，这是"获得了对自然史的第一次体验"。

之后他移居加尔各答，在那里娶了都柏林珠宝商的女儿玛利安·域尼，有了一男一女。他十分看不惯当时英国社会中屈膝卑恭的礼节，但为人潇洒，朋友很多。

1825年钱纳利欠下了一笔4万英镑的巨债，他潜踪匿迹，来到广州与澳门。他讲起故事来语言和动作极其传神，在浓浓的眉毛下面，一双深陷的眼睛炯炯有神，极富表情。他对这一带的外国人编了一个可笑的谎言，声称他的妻子是"他一辈子见过的最丑陋的女人"，他为逃脱束缚才来广州。他说："我可以没事了，这中国政府真是个仁慈的上帝，它不许那些娘们到这里来打搅我们，安排得太妙了。"

其实他掩饰了真正逃避债权人讨债的原因。他初到广州时经济十分困难，好在他为人开朗、豪爽，而且成为广州外商中普遍受欢迎的人。他编的生活轶事及绘声绘色的叙述，他的奇行异癖，使他成为不可多得的客人。一些商人如美国的威尔科克斯、查顿、布朗等人的支持，使他的绘画事业有了发展的基础。因此钱纳利经常说澳门是负债者和蛋家的乐园。

他本想在澳门小住，但他的债主禀告法院，提出征收其收入的一半抵债，这样他不得不留在澳门，在那里生活了20多年。长期游览及沐浴着异国特殊的美景与情调，使他创作了大量的水彩、水粉、油画及素描。他去世时家中几乎什么东西都没有，只留下了好几个樟木箱，箱中都是他毕生心血的画作所在，总计逾万，其中数以千计的是炭画、铅笔画、钢笔素描，也有描绘细致的小画像、油画等，风格不同，素材亦多样化。

他以精湛画艺而驰名，但他对自己要求很高，每在题识中自我批评，提出改善之法。他的素描有极深的根底，能很快抓住事物的特点及灵魂；他的水彩、素描、油画都笔触流畅，画风如他个性豪放，充满强烈的个人风格。尤其是水彩画、素描极为出名，临摹都不容易。他在印度期间自称是小画像画家，精于人物画像，善于捕捉瞬间的精神面貌。在澳门他绘画了大量富有生气的平民阶层的人物。他喜爱澳门的湖光水色，好绘自然景物，澳门著名的胜景妈阁庙、南湾填岸风景都是他的好题材。

他为达官贵人画像，但对身边中国人日常生活习惯更感兴趣，体察入微。素描及油画中常描绘小贩、乞丐、渔民、打铁匠等各式人物。其油画中有一幅题为"Alloy"，是描写一位疍家姑娘身持草帽坐在渔船中眺望的情景，背景是澳门内港及山峦。油画《风景》描绘澳门港内竞帆的渔船、岸边的西式建筑和悬挂的葡国旗。在素描方面更常见到他笔下中国人栩栩如生的生活情景，如绘于 1838 年的铅笔画《街头小贩及过往行人》，描写了商业交易的情景，或低头问价，或静候买主，或忙于称量，生动传神。

钱纳利的独特风格对同时代在中国的中外画家都产生过很深的影响，很多人成为他的门生，从而形成一种风情画流派。他乐于扶植后进，无论是业余的或是职业的画家。晚年他曾在澳门设帐授徒。在他影响下的画家有法国的波塞尔、苏格兰医生屈臣、多伊利、葡籍教师巴普斯帝塔、美国人哈里特女士以及广州的中国著名外销画大师啉呱（原名关其昌）。波塞尔居澳门半年留下不少风光、风物画作，他像钱纳利一样喜欢南湾、妈阁庙、内港的景物，包括渔民、渔船、棚屋、农畜等。他后来将其中国之旅的作品刻印成《中国及中国人素描》而一举成名。啉呱是钱纳利惟一的中国学生，他模仿钱纳利的作品可谓惟妙惟肖，几可乱真，后人常当作是钱纳利的真迹。《广州记录报》曾称："啉呱是中国画家，是钱纳利的高足。""一位中国画家能具有如斯精湛画艺，实归功于那位能循循善诱的老师。"他在广州开设画店，雇请画工临摹各类绘画外销，名重一时。

1852 年钱纳利在澳门去世，他的画拍卖给了宝顺洋行的约翰·颠地（John Dent）。他的朋友们给他在旧基督教坟场竖起高一丈、宽一丈多的墓碑。昔日墓碑上只有钱纳利英文名称。1974 年澳葡当局重修墓碑，并在碑上刻有一段纪念碑文："……我们来到这里向一个人表达敬意和仰慕，他从遥远的出生地而来，发觉这里是逃避其青年时代所遭受的忧患与烦恼的温暖的庇荫所，也深受这个社会的爱戴，直至离开尘世为止。"

7 幸运博彩

澳门的赌博种类繁多，五花八门，能满足不同层次的赌徒的兴趣和爱好，不但本地居民趋之若鹜，而且吸引附近各城市，如广州、香港、佛山、石歧的赌徒，港人约占赌客的 80% 以上。此外，还有来自东南亚以及世界其他地方的游客。他们如蚁慕膻，云集澳门大小赌场，一博其命运！

幸运博彩是澳门最主要的赌博方式。这种方式主要有番摊、骰宝、牌九、百家乐、轮盘、十二支、纸牌、金露、麻将和角子老虎机等近 20 种，既有传统的中国式赌博，又有欧美流行的新潮流。各类赌客可选择不同的方式去搏杀。1985 年以来，澳门共有 8 家赌场，即葡京大酒店赌场、皇宫赌场、回力球馆赌场、金碧赌馆、东方酒店赌场、凯悦酒店赌场、金城酒店赌场和赛马场赌场。以上 8 家赌场接待不同类型的赌客，皇宫赌场的常客主要是渔民和码头工。金碧赌馆规模小，光顾者主要是澳门本土低收入者。回力球馆多接待中等收入者。东方酒店和凯悦酒店的赌场最为豪华，豪赌人士多出入此地。葡京酒店规模最大，内设 7 间博彩厅、300 台吃角子老虎机及 75 张赌台，迎合各种赌客的需求。

按照澳门政府的规定，澳门的幸运博彩只准澳门旅游娱乐公司经营，属于专营。这种专营分二种，一是在澳门进行常规的垄断式专营。二是新的"特别准照制度"，允许专营公司不超过四个，专营期限最少为 8 年，最多为 20 年。专营者要缴纳"特别博彩税"，这种税在任何情况下都不能少于专营公司总收入的 25%，同时对专营者还附有条件。

澳门的博彩业由来已久，极负盛名。早在清朝乾隆年间对此就有所记载，说澳门是一个"纵欲"、"赌博"、"吵架"的城市。清末诗人丘逢甲在其《岭云海日楼诗钞》中有咏昔日赌馆的诗句："银牌高署市门东，百万居然一掷中。谁向风尘劳斗色，博徒从古有英雄。"在诸多赌博种类中，最古老、最简便、最受欢迎的是"番摊"和骰宝。清朝道光、咸丰年间，居留澳门长达 28 年的英国著名画家钱纳利，在他笔下不乏各阶层赌博者的形象：农民、小贩、脚夫、士绅，有男有女，有老人也有小孩，足见赌风之盛。

1847 年是澳门赌博史上十分重要的时期。澳门自 1844 年起便在行政上脱离果阿的管辖，与帝汶、苏禄群岛共同组成一个海外省份。为了保证这个省的财政收入，葡萄牙政府着眼于以赌博业来作为财政经济的主要来源。于是在 1847 年，葡萄牙政府在澳门颁布法令，宣布赌博合法化，也就是说使赌博业名正言顺，获得了政府在法律上的保障，因而赌风更加强劲，赌博业日益繁盛。

赌博业的兴盛，对当时无比猖獗的苦力贸易起着推波助澜的作用。成千上万的平民百姓被人口贩子从江浙闽粤沿海地区诱骗来澳门，被投入"猪仔馆"，其中最重要的拐骗手段便是诱赌。"拐子们有时借钱给乡民，哄他们进入赌场，等乡民们输光了，便逼迫他们出卖自己的身体还债"。

广东政府的禁赌客观上促进了对澳门赌博业的兴旺。光绪元年（1875），广东巡抚张光栋严禁广东盛行的"闱姓"赌博。于是，"闱姓"赌博便相率移往澳门，投买及揽载的人群趋而至，络绎于途，澳门政府则坐收渔利，税金所得最高时可达每年 30 万两。宣统三年（1911）两广总督张鸣岐出告禁赌，广州的番摊馆一律关闭，而香山人士刘学洵在澳门的番摊馆却沸腾起来。广州的赌徒"远征澳门，住进酒店。初时微有所获，大吃大喝，缆断了再集资本，再接再厉，最后结果铩羽而归"。

1934 年，澳门赌博业经历了第二次大飞跃。该年澳门政府宣布允许各种赌博业有专利权，并采取投标方式承办全澳赌场业务。当时，澳门赌场以赌番摊、骰宝、百家乐为主，多集中在市区最繁盛之处，如清平直街、福隆新街、怡安街等处的赌场就有 20 多家，

皆称公司，如德成公司、荣生公司等。其中最有实力的是由高可宁、傅德荫等人组织的泰兴娱乐总公司，在中央酒店、福隆新街和十月初五街设三个分赌场。澳门在赌场工作的共有七八百人，在中央酒店的就占了三分之一。1937 年，泰兴娱乐总公司与澳门政府财政厅签订专营合约，承办全澳门赌场业务，每年缴纳赌税合葡币 180 万元，成为澳门政府的主要财政来源。

从此以后，澳门的赌博业极度繁荣，正式成为"赌城"。1949 年中央人民政府在内地取缔所有的赌博业，澳门并没有受到冲击。泰兴公司经过数十年的刻意经营，使澳门赌业发展得更具规模，成为吸引中外赌徒络绎而至的东方"蒙地卡罗"旅游胜地。

澳门的赌博业的特点一是公开性、合法性，由政府委托授办，从中抽税；二是普遍性，除本地赌客外，还有不少来自香港和珠江三角洲其他地方的居民，以及从日本、东南亚及欧美各地专程来参赌的人。一般说来，赌徒可分为两种，一种是那些相信自己的技术与知识能以投注取胜的人，另一种则认为赌博是一种碰运气的游戏。而博彩业实际上是利用人们的贪心和侥幸心理赢利的行业。

𝟪　妓寨的变迁

澳门的娼妓业与赌博业一样，同属特殊行业，是经由澳葡政府立法批准，公开挂牌营业的，无论是妓寨（公娼），还是囡铺（私娼）都得定期向政府缴纳税银，娼妓业的税款也是澳门政府的一项重要财政来源。

澳门娼妓业起始有证可考的，要上溯到清朝乾隆年间，当时澳门宿娼狎妓风气之盛，使清政府需明令禁娼。但鸦片战争后，澳门不再受清政府约束，娼妓业也死灰复燃。1887 年，澳门政府颁布了《新订澳门娼寮章程》，允许娼妓挂牌营业。自此，娼妓业得到政府的保护，其发展速度也一日千里，到了 20 世纪 30 年代，达到了全盛时期。据 1938 ~ 1940 年的资料显示，当时澳门的娼寮有 120 余间，妓女 1500 多人。

澳门娼妓所居住的地方，在陆地上的叫"娼寮"、"妓寮"，在水上的称为"咸水艇"。俗话说"开厅踏艇"，就是指嫖娼狎妓。

澳门的娼寮分为三等：第一等为"大寨"，二等为"细寨"，三等为"炮寨"。

大寨主要集中在福隆新街、宣安街、福荣里等处。出入大寨的嫖客，衣冠楚楚，腰缠万贯，他们来此不单单为纵情声色，他们还利用这些场合采行情，搭线路，进行交际应酬、洽谈生意及各种投机活动。

大寨妓女分为三种：一为琵琶仔，专指十四五岁尚未"开苞"的雏妓，多半是穷苦人家被迫卖给娼家的可怜少女。也有些是幼时被鸨母买来，对外称为养女，精心培养，教她们读书、弹唱，凡是应酬上流社会嫖客所需的手段，都尽可能让她们上手，仪态风度也经过特殊训练。她们尚未正式开始接客，是鸨母待价而沽的摇钱树。二为"半掩门"，又称"尖先生"，意指年纪不大不小，通常是琵琶仔接过客后，实际已成为"大人"，故名"尖先生"。而她们是鸨母的摇钱树，不公开接客，所以又叫"半掩门"。三为"老举"，广州话"妓"与"举"发音相近，是指公开接客的妓女，又叫做"牛百腩"。她们留客过夜，目的在于把客人当作"牛腩"，慢慢"煲"，赚取钱财。

另外一种娼寨也叫"半掩门"，也是一流娼寨，但经营方式和其他娼寨悬灯挂彩，挂正"招牌"不同，而是把娼寨陈设如住宅一般。经营这种娼寨的鸨母多为大户人家退休下来的女佣，她在客人面前伪称其蓄养的妓女为亲生女儿，以示与普通娼妓不同。这种妓院除了本身提供妓女供宾客淫乐之外，还同时充当上层社会各种荒淫活动的媒介。鸨母们专为那些在家庭内性生活得不到满足的巨室姜眷作淫媒，通过各种秘密方法把她们带到"半掩门"，介绍给嫖客。作这种生意获利甚丰。一般来说，跟这些巨室姜眷三七分，鸨母占七成。其实这些女人之意多不在金钱上，故对分成不会计较，甚至有些还自己付钱给鸨母或嫖客。

细寨，又称二四寨。细寨妓女多则十余人，少则五六人。她们常在二楼接客，每到黄昏，即涂脂抹粉，倚门卖俏，以招狎客。

炮寨为最下等娼寨，多集中于草堆附近的骑楼街、聚龙里一带，约有30寨，每寨妓女数人，共约百余人。这些妓女日夜接客，主顾多是黑人兵、印度警察和苦力工人。

二四寨和炮寨都是以中下层社会嫖客为主要对象，一经付钱，即可与妓女发生性关系，收费较低，日夜收费价格也不同。这些妓女大部分是被拐匪骗到澳门娼寨的城乡妇女，也有一部分是大寨中人老珠黄的妓女。这些妓女的人身完全受鸨母的控制，接客不分昼夜，随叫随到，稍不如意便遭毒打。

澳门除了有陆地上的各种娼寨之外，还有不少水上娼寨，多为中下层"疍户"所为，以"住家艇"为主。这些疍户"皆以脂粉为生计……疍女率老妓买为己女，年十三四即令接客，……疍户例不陆处，脂粉为生者，亦以船为家"。艇上妓女被称为"咸女妹"。

此外，还有豪华的花舫。"以艇肚住妓女，各有房舱，名叫白鸽笼。艇面有店，前有前厅，尾有尾厅。……头尾厅为宴客之所，陈设华丽，一入其中，几不知为浮家泛宅了"。除花舫外，另有一种叫"紫洞艇"，"有内外厅，隔以锦帐，分别男女内外，陈设与花舫等，艇头置睡椅、圆桌一，以备游客纳凉或赏月之用"，林林总总。凡操妓业的艇户，同样要向政府登记挂牌，缴纳税捐。

澳门的娼妓问题是一个社会问题，它不但危及于社会风气，还导致花柳病的流行。此外是妓女生活的黑暗和人格的堕落，其悲惨景况非常人所能想象。在1948 年前后，澳门政府有过"禁娼"的条例，但是由于澳门社会固有的积弊，禁娼的法令往往不过是一纸空文。

9　赛马、跑狗和大赛车

赛马、跑狗和大赛车曾一度风靡澳门，成为其特种行业。

赛马　1842～1846 年，澳门接连几年均举办"周年大赛马"，每次都是由香港运马匹前来参加赛事，盛极一时。当时的赛马只是一种体育竞赛活动，设有跳栏及其他马术竞赛，场内并没有设立投注站，参加者大多数是英军、洋行大班和高级职员等爱好赛马的西洋人。这是赛马的第一阶段。

赛马的第二阶段始于 1924 年，终于 1941 年。此时的赛马演变为一种赌博的方式。当时香港赛马风气甚盛，马会收入十分可观。澳门一些富商便与香港一些有志于赛马赌博之道的大亨联合起来，集资组成"澳门万国赛马体育会"。

当时澳门的赛马每月举办一两次，赛马前在香港大登广告，还特别请港澳轮船公司派两艘轮船接送来往澳门参加赛马的客人。当时的赌马被视为高尚娱乐，入场者衣冠楚楚，入场券价值一元，相当于当时 20 斤大米的价格，非一般平民百姓负担得起。1940 年，"澳门赛马会"发行"胜利赛一元大彩票"，数量高达 5 万张。派彩金额十分可观，头奖 22616 元，二等奖 6460元，三等奖 3230 元，颇具吸引力。一时间，赛马场成为万头涌动的赌博场，新式的"销金窝"。

太平洋战争爆发后，香港沦陷，澳门的赛马也一蹶不振，不得不停办。1942 年，澳门发生大饥荒，几十匹澳洲名驹被统统宰烹，由政府分派给公务人员及老人院、孤儿院，而大批喂马用的玉米干也被廉价发售，以解澳门市民饥饿。从此，赛马停办，地势平整、绿草如茵的塔石马场，变成青少年活动的塔石球场。事隔 47 年后的 1980 年，澳门又挂起赛马的牌子，赛马会对凼仔赛马场进行改建、扩建，并于 10 月举行隆重的赛马仪式。

澳门的赛马车于 1980 年 9 月开赛，这种博彩新玩意是亚洲的首创，也许不太被港澳人士所接受，业务发展不够理想。从开赛到结束营业，为期七年多。在澳门博彩娱乐事业中"昙花一现"，生命短促。

澳门赛马车公司成立于 1978 年 8 月，随即在凼仔码头右侧展开填地造地兴建赛马车场，历时 3 年，耗资 2 亿元，建立了亚洲第一赛马车场。包括能容纳 1.5 万人的大看台和 2110 米的赛马车道，还有马厩、马医院、发动机房、停车场以及其他设施。大看台楼高五层，各层分设酒楼、酒吧、快餐店和咖啡座等，整座建筑巍峨壮观。马场养着 500 匹"标准种马"，拉的马车是双轮的，很小，驭手坐在上面。博彩形式有独赢、连赢及科加士等，所有投注及派彩机，均由先进的电脑控制，设备完善。每周日晚举行一次赛事，热闹壮观。每逢周年纪念，举行庆典活动。

跑狗　澳门的跑狗有 60 多年的历史。这项赛事是由美国传到澳门的。

1932 年，澳门殷商范洁朋承办赛狗。他投资 50 万元组织"澳门跑狗会",在莲峰山下兴建跑狗场。场内类似赛马场,建有看台、跑道、狗舍,逢周末、周日开赛,每晚跑狗八场。跑狗会开幕式相当隆重,主办者特意从美国请来一支女子乐队表演助兴,24名金发碧眼的美国女郎,戴红帽,穿红衣,着白裙,轰动一时,吸引了不少人前往,一睹盛况。因为跑狗消费不是一般人能负担的,这个跑狗场办了四年便场面冷落,1936年宣告停业。

1936年跑狗场歇业后,一度由澳门商人改办游乐场。这里除有粤剧、杂耍表演之外,还有赌博,因生意不济,后来不得不偃旗息鼓。澳门政府于1940年间收回该地,改为"五二八运动场",也就是俗称的蓬峰球场。

跑狗活动东山再起是在1963年,是由印尼的英籍商人郑君豹牵头筹备的。他与澳督府签订合约,承办此项活动。但由于多种原因,承办权又转手他人,三易其手,最后的开业典礼于1963年9月28日举行。

现在的跑狗场一地三用,既是赛狗的娱乐场所,又是举行足球比赛和田径比赛的场地。复起的跑狗赛经营者是逸园赛狗公司。该公司与澳门政府订有专利合约。赛狗除吸收过去上海逸园赛狗的经验外,主要是以澳洲赛狗为蓝本。澳洲是用经过训练的活兔让狗追逐,其后才改为电兔。赛狗由澳大利亚或英国进口,现有格力狗800多只,每只狗都有一个好听的名字,如"玉兔呈祥"、"凌波仙子"等。设备方面,用电子计算机计算派彩和投注,用终点摄影设备来判定谁是赢家。比赛结果显示在电子屏幕上。

大赛车 每年 11 月，东望洋山下都展开赛车大赛，各路飞车英雄争夺澳门格兰披士大赛车的 7 项冠军。

澳门的大赛车始于 1954 年，由当时澳门市政厅秘书施加路和香港赛车会的保罗二人合力创办。当时一切从零开始，赛车跑道设在新口岸、松山一带的马路上，看台是临时搭设的竹棚，跑道也是泥泞不堪。第一天举行的平均车速赛由 24 辆车参加。第二天举行的格兰披士大赛，15 辆车参加。

经过 40 多年的不断改进，今日澳门大赛车场有了一个三合土建筑的大看台，还有水塘边的三合土梯级看台，有了现代化的电脑计时显示器，设立了防撞栏，修筑了获得国际赛车联盟承认的跑道，因而澳门赛车被正式列入国际赛车表内。大赛车跑道全长 3.8 英里，即 6.117 公里，是世界公认充满刺激、最适合赛车之用的跑道。

赛马、跑狗和大赛车是澳门带有体育色彩的赌博活动，和其他赌博活动一道，使澳门成为闻名于世的赌城。

10 镜湖医院

澳门历史最悠久的华人慈善团体是镜湖医院。镜湖医院及其慈善会为澳门社会贡献良多，颇受社会各界人士的推崇。

19世纪50年代以来，澳葡当局差不多控制了澳门半岛全境，对澳门的中国居民实行殖民统治，澳门中国人的政治、社会地位很低。60～70年代以来，华商势力兴起，鉴于澳门无一家综合的华人医院及慈善组织，故要求华人自己组织起来互帮互助。

1870年沈旺、曹有、王禄、德丰等人筹建镜湖医院，先向香山县政府申请拨地，获批准。澳葡当局再三向发起筹备人员说明，答应不干预镜湖医院院务，院辖地完全由院方控制，曹有等人才向澳葡政府公物会办理登记立契手续。同年10月28日，公物会发布布告，批准华人在三巴门外沙岗山边建筑医院，并促该院办理领取院址地契手续。

1870～1880年，共募捐到69305银元，合银49900两，建起医院正屋、附屋、医房、癫房、殓房、济生所、福生所、甬道、厨、厕、进伙、义山、葬费等11间房屋。1871年正式命名为"镜湖医院"，倡建值理会，荐陈子祥管理进支数目。1874年选出值理会总理。在以后的近20年中，继续建置物业，立章订规，渐臻完备，始肇良基。

镜湖医院创建之初，以赠医施药、安置疯残、停寄棺柩为宗旨，然而惜字办学、修路、救灾、平粜、施茶、施棺、殓葬，以致排难救伤无不为之。1932年商会成立以前，凡商人为商务争议或关系地方事务，"多投到镜湖医院处理"。这是因为镜湖医院是全澳人士倡建，其历任值理、总理、董事都是澳门华人社会中的富商及名流，拥有较高声望，故华人许多重大问题多要求医院解决，就不足为怪了。

镜湖医院自创办以来，一直致力澳门及国内的慈善救助工作。1873年和1883年澳门先后遭受风灾，死人无数，镜湖医院负责办理收尸埋葬工作。1896年该院在澳门设立痘局，义务免费为华人种痘；1916年执葬义地骨骸等，为澳门的贫苦百姓尽力提供医疗及其他服务，许多华人世代受益。

镜湖医院长期以来对内地同胞遭受灾荒的苦难深表同情，多次伸出援助之手。如1890年捐款赈济顺直水灾，1896年赈济湖南粤西饥荒，1906年赈济香港风灾，开办平粜工作；多次援助广东遭受水灾的饥民，不胜枚举。

抗战期间，镜湖医院更是竭诚服务，开展遣送难民、收容难童、捐赠药物、开设护理班等战时工作。1943～1944年间，共收容难童380多人，直到抗战胜利。1939年曾捐赠中大同学战地服务团药品；协助遣送近千难民返乡。1943年收容了香港的英美籍难民。

镜湖医院热心教育，早于1891年举办惜字善社，到1896年开设义学5所，收容贫穷子弟，供他们免费入读；1923年开设护士助产学校培养专门的护理人才；1948年义学与平民小学合并，改称镜平小学。

镜湖医院首开华人执业西医的先河，聘孙中山先生担任义务西医，使镜湖医院开始采用西医西药，远近闻名，备受称赞。后来西医局经费有困难，获得前山文武街及檀香山等处华侨捐款，得以维持下来。孙中山在澳门行医为镜湖医院写下了光彩的一笔。

镜湖医院历经 100 多年的发展，其自身机构、组织、力量有很大改变及壮大。1874 ~ 1927 年，总理是由全澳各行推举 12 人组成的；1928 ~ 1931 年改为总协理制；1938 年改为值理制；1932 年恢复总协理制。1942 年经澳葡政府批准立案，改为镜湖医院慈善会值理会；1946 年慈善会召开第一次代表大会修正会章，以两年为一届，选正副主席、董事、秘书长、医院院长，组成董事会。

1946 年以后，镜湖医院更换简陋的设备，改善管理制度，大事革新。建立起手术室，在下环设分诊所，建立产科医院、新建门楼、特诊室，加强门诊；新建护士学校，改善学校环境；迁建殓房、殡仪馆、以免影响医院病人疗养；建立 X 光室、理疗室、检验室等科室；迁建精神病疗养院；改善医院环境，美化院区；增加留医病室，以广收容。镜湖医院发展成为全澳最大的综合性的中西医院。

1968 年后医院重建，建成 8 层 A 座医院大厦和 5 层高的 B 座大厦，购入现代化的先进的医疗设备，现已发展为全澳最现代化的医院。全院有医生、护士、职工 800 余人，各科病床计 1000 张，设有 3 个门诊部、一个 24 小时急诊室、有 10 多个科室，能进行复杂的手术。

镜湖医院慈善会是一个民间慈善团体，其经费历史上一直是靠募捐取得。1968 年后逐渐获澳门政府社会工作司和卫生司的资助，主要用于资助免费治疗儿童及产科病人，因而业务得到进一步的扩展。

四 澳门与中国内地

郑观应与澳门

郑观应是中国近代重要的社会改良派人物。他撰写的政论文集《盛世危言》是一部警世醒时、震动朝野的巨著，对时人及后世之人都有极大的影响。郑观应，字正翔，号陶斋，别号杞忧生。1842 年生于广东香山雍陌乡。其父郑启华常年在澳门私塾教书，古道热肠，乐善好施，1871 年曾参与倡建镜湖医院。

郑观应一生与澳门有着千丝万缕的联系。他自小在澳门受教育，对澳门情形比较熟悉。17 岁时参加香山县的童子试落第，放弃科举之路，离开澳门赴上海当商务学徒，后跟随叔父学英语。此后 20 年中，他先后在宝顺洋行、太古轮船公司担任买办，又自己经商贸易，投资轮船公司。他后来被李鸿章委任为上海机器织布局总办，轮船招商局帮办、总办，上海电报局总办。

1862 年他开始搜集资料，酝酿撰写政论文章，多在上海《申报》上发表。到 1873 年郑观应开始搜集资料编成《救时揭要》出版；1874 年著《易言》，其中除了宣传改良思想外，还有《澳门猪仔论》、《澳门窝匪论》等 7 篇揭露澳门时弊的文章。这些题材多来自澳门社会实际，是澳门当年最尖锐的问题。

自 19 世纪中叶以来，澳门成为非法苦力贸易的中心，到 60 年代贩卖华工的猪仔房达数百个，被贩卖的华工有几十万人；此外澳门窝娼聚赌，公开发展赌业，再加上鸦片流行，洋行分疆而治，中国官绅无力保护海外中国人，这些都给青年时代的郑观应留下了深刻的印象。在《澳门窝匪论》一文中，他指出："盗贼之炽，奸宄之多，余足迹半天下，从未见有澳门之甚者也。"这些话切中时弊，如实地反映出 19 世纪澳门社会罪恶的一面，也反映了郑观应忧国忧民的情怀。可以说他的改良主义思想是在澳门萌发的。

郑观应一家先后移居澳门，父子俩都热衷于慈善事业，曾多次参与内地的赈灾活动，其父曾被清廷敕封为"荣禄大夫"。1881 年他家在澳门龙头井建屋，1884 年郑观应受督办粤防军务大臣彭玉麟的委派，携妻妾从上海回穗。其妾赵氏在澳门居住 7 年。

从 1886 年起，洋务官僚利用他在织布局的亏欠进行迫害，使他离开商界、官场，回到澳门闲居，长达 5 年。在此期间，郑观应抱着"勿为外人所侮"的心情，开始酝酿《盛世危言》的写作，杞忧忠愤，贫病交加而不能禁，基本著成他的改良思想的代表作，1893 年五卷本出版。光绪皇帝阅读过他这部以富国强兵为主题的辉煌巨著，并推荐群臣阅览。此后该书风行全国，对维新变法思想及变法运动产生过深远的影响。在政治上，他提出政制改革，提议设议院、通民情，求"长治久安之道"，提倡君主立宪与知识分子参政；批评丧权辱国的外交政策，主张"攘外"为救国的首先任务，把速立宪法当作达到富强的政治保证。

　　他从自己经商、办实业的经历深刻认识到要救国首在富强；要攘外，主要靠商业上打胜仗；商战上要取胜，政府必须扶助民族资本。他对清政府只重实业，不重政治、军事提出尖锐的批评，并把科学与民主有机地联系起来。他在文中称："余平日查西人立国之本，体用兼备。育才于书院，论政于议院，君民一体，上下同心……中国遗其体效其用，所以事多扞格，难臻富强，故力论中外盛衰治乱之道，国家求富强之法。"

　　郑观应在澳门潜心创作时，曾与年轻的孙中山建立起较好的关系。虽然他俩年龄相差 24 岁，但同抱救国救民的思想。1890 年孙中山曾写信给郑藻如（即郑观应），呼吁效法西方进行社会改革，主张兴农办桑，禁绝鸦片，提高教育，在香山先实行再向各地推广。他的观点及抱负深受郑观应赏识。孙中山在 1891 年前后写的两篇文章《农功》和《商战》，被郑观应以"孙翠溪"的笔名，收录进《盛世危言》之中。

　　1894 年，郑观应亲自写信给盛宣怀，介绍刚从澳门到广州的孙中山："孙医士欲北游津门，上书傅相，一白其胸中之素蕴。"同年，孙中山携带《上李鸿章书》，得郑观应引荐到北京，然而未获李鸿章重视。但郑观应后来提出请李鸿章为孙中山办理游学泰西的护照，结果如愿以偿。孙中山即赴檀香山建立兴中会，开展革命活动。

郑观应曾为康梁及其他改良派人物提供许多帮助。1898 年戊戌变法失败后，康梁仓促避难海外，郑家曾收留过康有为的母亲及梁启超一家。郑的好友经元善因上书不要废光绪皇帝而触怒西太后，1900 年被通缉逃到澳门，郑观应致函亲友要求照应他。

1906 年以后，郑观应因父母相继去世，长期在澳门居住守制，晚年养病、隐居在澳门。郑晚景凄凉，欠债累累，后得到兄弟亲友的竭力相助。盛宣怀曾借给他两笔款项并送招商局股票作为郑的红股，使郑晚年可以过得下去。但郑观应将这笔钱多用于办幼儿园。

他后半世侧重增编《盛世危言》，于 1907 年开始编辑后编，1908 年在澳门郑慎余堂寓所续成，分 16 册。1919 年他出资印出样本 350 本，1921 年再修订后由上海翰华阁书店刊行问世。这部著作是他"目击时事，利权日损，漏卮日多，而惓怀家国之念昕夕不忘"，因而"究心当世之务"心路历程的忠实记录，是他不断提高和完善的政论主张。

康有为、梁启超与澳门

康有为、梁启超是戊戌维新运动的领袖，他们曾在澳门创办《知新报》，将澳门亦推入变法维新的大潮中。

《知新报》是戊戌变法运动期间维新派的重要刊物之一。1896年11月，为推动改良事业，康有为到澳门活动，得到澳门绅商何廷光（穗田）等爱国人士的支持。康有为决定将澳门作为改良派在华南的活动基地，让他的弟弟康广仁与何廷光等筹办一份宣传变法的报纸，很快在当地的绅商中集到股金万元。股东都希望《时务报》主编梁启超兼任该报主编。梁启超正好在广东探亲，故应邀到澳门，一起参与筹备事宜。初拟报名《广时务报》。后因《时务报》经理汪康年反对，决定取名《知新报》，英文名称为China Reformer（《中国改革家》），由何廷光、康广仁任总理，梁启超、徐勤、吴炬炜、刘桢麟、何树龄、韩文举、王贵任、陈继俨等8人为撰稿人。聘任德、日人士为翻译，康有为女儿康同薇亦为各国新闻的翻译，并写一些政论文章，馆址在大井头4号，1897年2月22日出版创刊号，初期每5天1期，后改为半月刊。它与上海《时务报》遥相呼应，宣传变法图存思想，发表维新的条陈与言论，介绍新政推行情况，一时畅销海内外，远销日本、越南、新加坡、美国等国。广西、江西、贵州等省的大吏还通饬全省的官员、士绅、书生订阅该报。

戊戌变法失败，康广仁等六君子被杀。在一批改良派报刊被迫停刊之际，该报仍坚持出版，成为国内外惟一继续鼓吹变法维新的报刊。为了提防封建顽固派的迫害，该报于11月份改称葡萄牙伯爵非难地为经理人，所刊文章也不再署作者的真实姓名。自11月14

日以"铁香书宅来稿"发表了康有为、陈宝箴等人在变法时期的一系列奏折，并刊登"气节说"等文章，抨击顽固派。

变法失败后，康梁的家人陆续避居澳门。1899 年 7 月 20 日，康有为在加拿大创立保皇会，又将澳门的《知新报》和横滨的《清议报》定为保皇会会报。澳门改良派人士积极响应，很快组织保皇会分会，由何廷光担任会长。后康有为决定将保皇会总会设于澳门，要求海外华侨将给予保皇会的捐款汇往澳门，并推举何廷光兼任大总理，总管收支各款等事宜。1899 年下半年，王镜如、欧榘甲、韩文举等保皇会重要人士从各地赶到澳门，使澳门成为当时保皇派最重要的基地。他们在澳门筹办东文学校，组织由中外人士来作变法演说的"澳门茶谈社"，还举行了祭祀孔子的典礼。1900 年 1 月西太后准备废光绪皇帝的消息传出，澳门保皇会员们通过《知新报》大造舆论，还为光绪倡办 30 寿辰的庆典。同时决定起兵勤王，广东组织义军。康有为派徐勤入澳门，用海外捐款购置枪械，布置广东各地起事，终因布置欠密，经费拮据，徐勤等人未能及时领导起事，遂取消在广东起事的计划。

1900 年还发生经元善案。上海电报局总办经元善因联合 1231 人发出反对废立光绪皇帝的电报，遭清政府缉拿。经元善于 1900 年 2 月中旬辗转来到澳门。清政府请澳葡当局协助将经元善逮捕，囚禁于大炮台。澳门保皇会人士因经元善为保皇获罪，全力对他进行援救和保护。澳葡当局指出经元善为政治犯，拒绝引渡。清政府派人到澳门控告经元善"拐款逃走",是刑事犯罪,并派证人赴澳对质。澳门保皇会会长何廷光花费重金全力救援,港沪等地人士和海外华侨纷纷声援,支持帝党的英国政府对此案也很关注。在舆论影响下,澳葡当局于5月12日照会清政府,指出有关经元善拐款逃走的控告不确实,后又经葡萄牙高级法庭复核,当年底,葡国政府最后确定经元善是政治犯,予以释放,并给予政治避难。

康梁等资产阶级改良派人士在澳门的活动不仅给中国社会政治极大的冲击,而且还在开启民智、提倡改良政治社会及兴办教育方面起了重要作用。

《知新报》1897及1898年先后发起成立"澳门不缠足会"和"戒鸦片会澳门分会"。

1897年梁启超、谭嗣同等在上海成立"不缠足总会"后,澳门改良派人士亦积极响应,张寿波、何廷光、吴节薇等随即组织"澳门不缠足会",还另外制订较易实行的《澳门不缠足会别籍章程》,以争取尚不能完全遵守总会章程的人士一起入会。《别籍章程》规定会中8岁以下女儿一律不许缠足,要娶会外的缠足女子,必须向会中声明。凡会中人不得与曾经犯例者为婚。几个月内,澳门各界就有100余人响应他们的倡议,先后入会。

戒鸦片总会是由改良派人物在东京成立的。1898年澳门张寿波、何廷光、陈继俨、李盛铭、麦致祥、梁福田、郑仲贤发起组织澳门分会,宣传鸦片烟的危害,致力消灭鸦片贸易。经过他们宣传、组织,加入戒烟分会的各界人士达数十人。以后经过几代人的努力，澳葡政府终于在 1945 年制订《禁烟条例》，澳门的鸦片烟馆逐渐式微。

澳门方面最早普及平民白话文教育的先驱者之一是子褒兄弟。陈子褒、陈子韶兄弟两人分别在澳门设立子褒学塾和子韶学塾，向学生宣传介绍康、梁的维新思想和保皇观点。作为康有为的弟子，陈子褒兄弟自己编印《三字经》、《四字书》、《五字书》等教材，并采用浅说白话文进行教育。子褒学塾还是最早提倡妇女教育的先驱，陈子褒还编了许多妇女普读教材如《妇孺读本》、《新妇孺读本》。后两学塾改名为"灌根学校"和"沃华学校"。这两所学校为澳门培育英才作出很大贡献。不少英才俊杰，如冼玉清、李应林等，均出于子褒学校之门。

通过康梁及其他改良派人物在澳门的活动，澳门中国人的政治觉悟和爱国热情有很大的提高。亦大大鼓励澳门华人积极争取政治权利，澳门社会面貌有了较大的改善。

3　孙中山与澳门

澳门是一座历史悠久的城市。伟大的爱国者孙中山先生和他的家庭与澳门有着密切的关系。澳门是他走向世界的门户，也是他从事革命活动的一个重要基地。

1866 年 11 月 12 日，孙中山在香山县翠亨村出生。

澳门与香山相距 35 公里。孙中山父亲孙达成早年曾经在澳门学过裁缝，在板樟堂街的一间鞋店当过鞋匠，后返回故乡务农。

孙中山自小常随父兄来往澳门。12 岁时随母经澳门赴檀香山。当时的澳门给他留下深刻的印象，正如他所说的"始见轮舟之奇，沧海之阔，自有慕西学之心，务天地之想"。1883 年，他 17 岁时，因与陆皓东等反对封建迷信，损毁村庙北极殿中的偶像，被迫再经澳门到香港读书。

在港学习的 7 年间，澳门是他来往香港与家乡香山的必经通道和居留地。大学时代，他与杨鹤龄、陈少白、尤列结成小集团，时称"四大寇"，经常大胆议政。其时杨鹤龄在澳门的住址水坑屋巷口，是孙中山在澳门时的重要活动场所。

此时他还与改良派人物郑观应有一定的交往，受到久住在澳门的郑观应的影响。孙中山初期的民主改良思想是在澳门孕育的。

1892 年孙中山以优异成绩毕业于香港西医书院。9 月份来澳，应澳绅何穗田等人邀请，到镜湖医院出任新设的西医局的首任义务医师，免费赠医，开创镜湖医院西医行医的先河。后来他又获得该医院董事、澳绅商吴节薇等人支持、担保，于同年 12 月向镜湖医院借款 1444 两，在草堆街 80 号开设"中西药局"，又在议事亭前地 14 号行医，称之为"孙医馆"。孙中山医术高明，医德高尚，热心公益，不出两三个月，就声名鹊起，前来就诊者络绎不绝。在澳门行医和施药体现了孙中山的"博爱"精神和早期的"人道主义"哲学思想。

孙中山在澳门行医期间，他与葡人印刷商飞南弟（Francisco H. Fernandes）相交甚深。1893 年 7 月 18 日，他们在澳门下环正街合办中文周报《镜海丛报》。该周刊逢星期二出版，经常刊登孙中山鼓吹革命的文章。周刊分为论说、新闻、广告三大块，以反映当时国内最新动态，并敢直言报道澳葡政府的腐败及澳门落后现象而备受社会各界的瞩目，远销中山、佛山、广州、上海、福州、厦门、香港及新加坡、小吕宋、旧金山、葡萄牙等地。

由于受到葡医的排挤，孙中山被迫离开澳门，前往广州行医，并进行革命组织的筹备工作。他继续来往省港澳，保存"澳门中西药局"作为革命活动的据点，并担任《镜海丛报》的匿名编辑，发表政治论文，抨击时局。

1894 年冬，孙中山在檀香山建立革命团体兴中会，并策划于 1895 年重阳节在广州发动武装反清起义，后因消息泄露而失败，陆皓东被捕牺牲。孙中山受到清政府的通缉。他辗转逃至澳门，向飞南弟求助。飞南弟冒着生命危险，想方设法将孙中山送至香港上船赴日本，才避过清政府的耳目。同年 12 月 25 日，《镜海丛报》亦宣布停刊。从此孙中山开始了他长达 10 余年的流亡革命生涯。

1905 年，孙中山在日本东京成立同盟会，主张"驱除鞑虏、恢复中华、创立民国，平均地权"。同盟会在谢英伯、卢临若、陈子要等人的主持下，在澳门成立支部，租南湾街 41 号作为秘密机关，在澳门开展活动。同盟会会员潘才华在澳门开办"培基两等小学堂"，成为传播革命思想的基地之一。

1911 年武昌起义爆发，消息传来，大大鼓舞了澳门同胞。由同盟会发起在清平戏院举行的"澳门华服剪辫会"，赴会者达千人。

1912 年 4 月，孙中山辞卸中华民国临时大总统职务后，出任全国铁路督办。5 月下旬，他回到阔别 17 年的家乡，顺道访澳 3 天。此行受到中葡人士的热烈欢迎。澳门绅商萧赢洲等专程到香港迎接。5 月 24 日，他偕女儿及秘书宋蔼龄等人抵澳，先往萧瀛洲府第，然后下榻卢园春草堂，与园主卢廉若等人合照，会见了澳门各界人士。澳葡总督都出席了在卢园举行的招待会。孙中山还到镜湖医院探望。

1913 年 6 月 17 日，孙中山再次赴澳，一则看望病危的女儿孙娫，一则是为了策划倒袁运动，与新任粤督陈炯明会晤，劝使陈炯明参加"四省独立，广东同时宣布"的反袁行动。6 月 24 日他离开澳门，翌日其女病故，孙中山对此"为之惨然"。

1917 年孙中山曾到澳门小住，以后没有再来过，但他仍继续关注澳门，并利用澳门开展革命工作。1913 年，他在澳门建屋让原配夫人卢慕贞及女儿们居住，其兄孙眉亦居住在澳门。1915 年初，孙眉在澳门鹅眉街寓所去世。1914 ～ 1916 年间，他委派得力助手朱执信来澳门筹款、买军火、印刷传单，开展"讨袁运动"。1919年粤军决定回师，孙中山命孙科回澳门以特派员名义成立办事处，号召在粤海陆军起义。1920年，孙中山特电孙科在澳门策划起义，因措施不周，麻痹大意而失败。

1921年孙中山就任广州民国政府的非常大总统，聘请在澳门定居的杨鹤龄为总统府顾问，后委任为"港澳特务调查员"。1921年和1922年，他表示支持澳门工人的罢工运动，派陆军及炮舰赴前山，以警告澳葡当局。

孙中山一生与澳门关系密切。澳门同胞也十分支持孙中山。辛亥革命后，澳门华人曾多次捐款，由镜湖医院转交。1925年3月12日，孙中山逝世，举国悲哀。澳门各界人士于3月29日，假镜湖医院举行追悼会。商界下半旗休业致哀，致祭市民达2万多人，是澳门有史以来规模最大的追悼会，寄托了澳门同胞的哀思，爱国情怀感人至深。

4 救亡高潮

"覆巢无完卵，唇亡齿亦寒"。日本军国主义发动侵华战争，杀我百姓，占我土地，灭我中华的暴行激起了澳门同胞对日本侵略军的愤恨。他们虽处在外国统治下的澳门，但心系祖国，时刻关注着国内时局的变化。从"九一八"到"七七"卢沟桥事变，澳门同胞在全国人民抗日救亡呼声的影响下，以极大的爱国热情，克服重重阻力和困难，为民族的生存与祖国的独立履行炎黄子孙应尽的职责，用热血丹心谱写了一段闪闪发光的爱国篇章。

"九一八"事变后，为了建设中国自己的空军，中国航空建设协会发起献机运动，号召全世界华侨、华人献机救国。消息传到澳门后，无论是殷实的商人还是平民百姓都纷纷参加捐款，一些热血青年报名参加航空学校。澳门青年林耀就是在此时返回内地的。他勇敢地搏击长空，与日机作战，最后壮烈牺牲。

为响应全国抵制日货、提倡国货的号召，澳门同胞相约不买日货，不用日货，而且在宣传广告上大力推介国货，表示"愿诸君大家努力起来，共同负起振兴国货的责任"。这使日货在澳门受到打击，销量一落千丈。

1932 年淞沪之战正酣时，澳门同胞慷慨解囊支援前方抗日的十九路军指战员。1933 年澳门国民党支部、中华教育会会长梁彦明、澳门商会范洁鹏等派出 4 人，救国会、兵灾会派人到广州参加欢迎淞沪抗日残废战士大会。澳门商会、镜湖医院、同善堂联合组织残废军人教养院。澳门救国会还倡议组织十人团，永远对日经济绝交。

1935 年"一二·九"运动在北京爆发，抗日救亡浪潮席卷全国，澳门亦处处涌起浪花。澳门的教师、学生、工人、店员、小贩等，尤其是青年人先后组成"前哨读书会"、"呐喊文学社"、"前锋剧社"、"怒吼中乐社"、"青年救护团"、"旅澳中国青年乡村服务团"等爱国社团。爱国报刊《朝阳日报》与《大众报》大量报道救亡消息，刊登宣传抗日的散文、小说，成为澳门人民了解及宣传救亡主张的一大舆论阵地。抗日歌曲《开路先锋》、《大路歌》、《义勇军进行曲》、《五月的鲜花》等很快流传开来。

1937 年卢沟桥事变后，抗日战争进入全面抗战阶段，澳门的抗日救亡亦进入高潮。

在此期间，中国共产党广东省委加强了对港澳等地抗日斗争的领导。内地一批爱国人士如史良、高剑父、关山月等先后来澳门作讲演或举办爱国画展。由于澳葡当局不允许爱国社团公开打出抗日救亡、抗敌、救国的旗帜，澳门同胞纷纷以"救灾"等名义成立救灾会。澳门工商界和上层人士成立"澳门各界救灾会"；国民党澳门支部在中山县建立"澳门各界抗敌后援会"，澳门《朝阳日报》、《大众报》联合发起"澳门学术界、音乐界、体育界、戏剧界救灾会"（简称四界救灾会）。

这些救亡团体积极组织了多项活动。在宣传方面，不少剧团纷纷上演有强烈民族意识和宣传抗日的话剧，如《烙痕》、《放下你的鞭子》、《重逢》等。一些粤剧社上演《铁血忠魂》、《作如是观》等节目。澳门各大戏院纷纷上演振奋人心的抗战影片。平安、国华等戏院相继上演《女战士》、《民族之光》、《重见天日》、《血战台儿庄》、《八路军反攻平型关》、《气壮山河》等故事片及战地实录。每一部影片都贯穿了抗日救亡的主旋律。

"四界救灾会"是救亡社团中规模最大、影响至深的团体。其开展的抗日救亡运动集中在宣传、筹募、慰劳上。他们用售旗、卖花、义卖、义唱、义舞、沿门劝捐、献金等多种方式为前方战士筹款。许多人有钱出钱，有力出力，涌现出不少动人的情景和事例，他们"只知工作，不求名利"，"工作至上，民族利益至上"的行动，使见者无不感动。为纪念七七事变一周年，四界救灾会发起捐输运动，并通函各界是日素食筹募，以纪念前方殉难军民。这一日澳门的许多食品上印上了"毋忘七七"四个大字。同年 9～10 月，该会又发起全澳性的"义卖活动"，先后参加的店号达100 多家，共售货筹得 9 万多元（法币）。

献金是当年澳门同胞筹募的又一方式。"各界救灾会"与"四界救灾会"一起举行八一三献金活动，设立献金台、流动献金台、献金封筒，发动献金，沿户向各界劝捐。这一活动得到各方热烈响应，3 天时间内筹到 10 万元（法币）。1939 年的八一三献金活动同时吸引澳门市区和离岛居民的踊跃捐献，工商界表现甚为热烈，学生、工人亦不甘落后。

在民族危难之际，"花界救灾会"的歌姬舞女们亦纷纷献金，支持推销国内的"救国公债"，可以说是"商女亦知亡国恨"。

在八年抗战中，澳门还组建服务团回内地。不少热血青年争先奔赴抗日前线，有的还为国捐躯。1937年廖锦涛、陈少陵等人发起成立"旅澳中国青年乡村服务团"，到前方、到农村去宣传抗日和发动群众。1937 年澳门第一批青年到新会、江门参加抗日队伍。

1938 年 10 月，"四界救灾会"亦组织回国服务团，在
1938～1940 年两年中，先后组建 10 个队返回内地。这
些青年年纪最大的才 24 岁，最小的 16 岁，各行各业
的都有。侯取谦、马敬荣、梁捷等一批优秀的澳门青
年血染战场，以身报国。其他青年则长期从事抗日救
国活动，其业绩可歌可泣。

澳门同胞为祖国抗战作出的重大贡献，历史永远
不会忘记。

5 孤岛岁月

1941 年 12 月 25 日香港沦陷后，澳门成为华南地
区惟一没有被日军攻占的地方，但日军势力十分猖獗，
澳门居民度过了三年艰难的"孤岛岁月"。

抗战初期，澳葡政府对澳门民众的抗日救亡活动
保持默许的立场，随着日军陆续攻占广东许多地方，
及日军对澳葡政府施加压力，使澳葡政府对日本势力
采取纵容、奉迎态度。日本特务及汉奸将魔爪伸向澳
门居民的抗日救亡活动，对澳葡政府鼓吹"日澳亲
善"。

早在 1941 年以前，澳门已成为日军攻打华南各重
要战略地的物资保障基地。汉奸在澳门公开设立军用
物资收购站。

1939 年 10 日，日军在大亚湾登陆并迅速攻陷广州
等地，中山、东莞、新会、南海等县亦相继沦陷。日
本对港澳形成包围圈，严密封锁珠江，除日本军舰外，

严禁其他船只进出珠江。为保住澳门，葡萄牙宣布澳门为中立地带，澳葡当局奉命对日本特务、汉奸的活动百般忍让，致使他们气焰更为嚣张。澳门同胞的救亡活动日趋艰难，大规模的活动被迫停止。

1941年12月香港沦陷后，澳门成为水深火热的孤岛。在不足16平方公里的弹丸小岛上涌集了30多万逃难的人群，人们挣扎在饥饿、疾病的死亡线上。澳门的政治、经济、社会环境变得十分恶劣。

在最艰难的岁月中，粮食短缺长期困扰澳门。由于交通断绝，澳门的粮食、燃料供应极为短缺，奸商又乘机囤积居奇、投机倒把，致使物价暴涨，仅粮价就涨了30倍之多。当时澳门只有望厦1个粮食配给站，公价米定量每人每天只有4两，而排队抢购的达七八万人。人们在饥寒交迫中勉强度日，澳门街头时常可见倒毙的尸体，令人目不忍睹！而1942年澳门出现空前大饥荒，则是雪上加霜。春节前后空前的寒流袭击，更使老百姓遭受巨大的痛苦，每天死亡人数达一二百人。

在政治上，孤岛亦充满了腥风血雨。澳门虽名义上是澳葡当局掌管，但很大程度上已被日本势力所控制。日本人在东望洋街设立"日本领事馆"，在西湾民国马路设立"日本海军武官府"，在雅廉坊马路设立"陆军武官府"，将澳门控制起来。这些日本机关实质就是特务机关，他们俨如澳门的太上皇，从政治、经济、文化等方面控制澳门，澳葡当局的一切行动都受到钳制。澳门抗日救亡团体被严厉取缔，中国在澳门的党政机关被强行封闭，挂着葡萄牙旗的商船却为日军运载军用品，连澳门的旧大铁炮也让日本人运走了。为了应付日军征用劳工的需要，澳葡当局还以到海南岛开金矿、修海港为名，欺骗了一批澳门青壮年及难民，到海南岛为日军做苦工。

在舆论宣传方面，充当侵略者喉舌的反动报刊《西南日报》和《民报》先后在澳门出笼。为瓦解爱国报纸《大众报》，《西南日报》的头子刘佳能曾备重金妄图收买爱国人士陈少伟、陈大白到他的报社充当鹰犬，但两陈断然拒绝。刘佳能一计不成，又生一毒计，迫使《大众报》于1942年下半年停刊。

日本侵略者还暗杀抗日人士。1942年12月，国民党澳门支部负责人、澳门华侨教育会会长、崇实中学校长梁彦明因拒绝向日寇恶势力低头，被日本特务派来的杀手在中学附近刺伤，终因不治而亡。同月，国民党港澳总支部主任委员、中山县立中学校长林卓夫亦同样惨遭澳门日本特务的暗杀。

在日伪势力渗透下的澳门已成为日军在华南的情报站、军需转运站和劳工供应站。

即使在这最黑暗、艰难的岁月里，澳门的华人慈善团体与社会热心人士救助难民的工作仍不断进行。施粥规模颇大，每日有几万份，参加施粥活动的有同善堂、镜湖医院慈善会、澳侨赈济会及一些西方教会团体。

1942年3月，澳门商会、同善堂、镜湖医院慈善会针对许多难民都想返回内地，但苦于路费难筹的情

141

况，发起成立"协助难民回乡会"，发动社会各界筹捐善款，至同年 10 月协助数千难民回乡。

最难能可贵的是，在恐怖、孤立的岁月里，澳门居民的抗日热忱并没有被黑势力完全阻吓住，仍以不同的方式开展抗日活动。1941 年底，澳门进步人士在望德中学开办国语讲习所，以对抗日本人对澳门的文化侵略。翌年，该校毕业生在刘光普、吴岸芳、黄炳泉等人组织下，成立"修社"，组织座谈会、读书会，演唱抗日歌曲，宣传抗日救国的道理。同年 4 月，张雪锋等发起创立港澳艺人职业剧团"艺联"。艺联在以后的半年时间内排演了《雷雨》、《日本》、《茶花女》、《明末遗恨》等进步剧目。1942 年末，"艺联"转移到内地大后方巡回演出，宣传抗日救国，坚持到抗战胜利。

有些热血的澳门青年活跃在抗日的第一线，一些人还担任了中山人民抗日义勇大队（后发展成珠江纵队）的领导职务。其中广游二支队支队长郑少康原是澳门一中学的体育教师。南海三水独立大队大队长林枫秋和政委叶向荣都是澳门青年。他们英勇抗日的业绩写在了广东人民抗日救亡史上。

五　澳门回归之路

收复澳门的回顾

1910 年葡萄牙建立了共和制度，但仍秉承其封建王朝的殖民政策，对澳门的野心没有改变。1911 年清朝的封建统治被推翻，嗣年中华民国成立。在澳门问题上，民国政府与腐败的清政府有所不同。摆在中葡双方面前的仍是拖而未决的勘界矛盾。

澳葡当局一直对湾仔、银坑、大横琴、小横琴等地虎视眈眈，民国政府加强了防务，澳葡侵夺这些地方的野心难以得逞。淤积的港湾严重阻滞澳门航运的发展，因港湾划界问题悬而未决，澳葡颇为着急，为此先提出处理划界问题。1914 年 4 月 2 日，葡萄牙政府授意葡驻京公使符礼德（J. Bbatalha de Freitas）会晤中国外交总长孙宝琦，提出："本公使屡接政府训令，询问澳门界务现下有无磋商之机会等语。查此案延搁已久，自应速求解决。倘贵总理政务稍暇时，乞预为筹备，本公使尤愿推诚相见，则此问题自不难了结也。"中国政府也表示"极愿从速商结此案"，并着手秘密派人到香山县调查澳门界址。

12月21日，中葡双方在葡驻京使馆举行第一次澳门界务问题非正式谈判。中方代表刘符诚明确表示：特别对内河"本政府绝不能将此权付诸外人以自扼"。符礼德则强调：内河只有中间水深可通航，轮船来澳不能航行，只好停泊海中。双方相持不下，澳葡当局意在得到内河权及海权，以便疏浚海道，建立港口与香港竞争。中国政府坚决不同意放弃内河权和海权，以利于缉私、航运和防务。葡方在敏感问题上未能获得好处，划界问题也就搁置了下来。

葡方在会谈中没占到便宜，就强行于1915年2月在青洲之下、沙岗之上浚深河道。1916年葡舰擅自进泊湾仔，12月越过关闸竖插旗杆，还派遣工人越界挖泥。广东政府在1917年4~6月多次上书外交部，要求勘定界址。但时值第一次世界大战，中国又处于南北政权分裂状态，无暇顾及这些问题。

澳葡瞅准这个时机，于1919年9月，擅自在青洲岛筑堤修路，疏浚海道。中国政府多次提出抗议，澳葡依然我行我素。中国政府只好出动2艘军舰和2000名士兵前往阻止。次年1月澳葡只好暂时收敛。双方经多次长达半年的谈判，于9月21日在广东签署了《兴筑澳门港口工程合约》、《修改港口章程》、《澳门交解华犯章程》。合约签订后，澳葡当局开始实施整治河道和港口计划。但合约中申明，这与划界问题不相提并论。但葡萄牙政府对界务问题一直四处活动，企图通过西方列强向中国施压，但对这一敏感又棘手的

问题，其他国家也未贸然横加干涉。中华民国建立 10
年之久，划界问题始终没有画上句号。

　　1922 年，澳葡当局一手制造了震惊中外的"五二九"
惨案。消息传出后，全国人民纷纷要求政府收复澳门。

　　1924 年 11 月，孙中山在国民会议上宣布废除一系
列不平等条约，民众要求收回澳门的呼声越来越大。
1925 年 6 月 6 日，北洋政府外交部正式照会葡萄牙，
提议修订不平等的中葡《和好通商条约》。1927 年 10
月 20 日，国民政府外交部官员童德乾认为："现在中
葡条约期满，当然宣告废止，另订新的。……与葡政
府协商交还澳门办法。"双方虽多次交涉，但执政的国
民党因国内局势动荡，尚无心收回澳门，在同年 12 月
19 日签订的仅 5 款的《中葡友好协商条约》中，只字
未提澳门。新约签订后，长期未决、争执已久的划界
问题自此偃旗息鼓，进入相对平静的时期。

　　抗战期间，收回澳门的问题暂时搁置，澳葡表示
"中立"。抗战胜利后，收回澳门的呼声再度兴起，
1945 年 9 月，国民政府外交部下令驻葡萄牙公使，向
葡国政府发出照会，表明中国政府收回澳门的要求。8
月 31 日，国民党第二方面军司令张发奎奉命进入广
州，并指派刘绍武的第一五九师驻防中山县，负责接
受日军投降等任务。10 月，中山县县长张惠长和刘绍
武师长发起收回澳门的民众运动，澳门同胞也举行各
种集会，热烈响应。澳葡当局慌了手脚，以维持"社
会治安"为由，关闭关闸，限制中国方面的居民进入
澳门，并禁止澳门同胞的各种反葡集会。

　　澳葡当局的行径引起广东省各界的强烈抗议，张发奎命令刘绍武封锁边境，禁止内地的粮菜和日用品输入澳门，还向澳葡发出强硬声明，在必要时由中国军队进入澳门搜捕日本战犯和汉奸。在强大的军事压力面前，澳葡当局作出妥协，承诺中国军民可随时进出澳门；中国可以在澳设置办事机构；中国政党可在澳公开活动；将所有在澳日本人遣送出境，交中方处理；并要求解除对澳门的武装封锁。12月下旬，中方解除了封锁，在澳设立"中华民国外交部驻澳门特派员（后称'专员'）公署"。

　　1946年2月5日，驻防广东的第六十四军军长张驰、第一五九师师长刘绍武和张惠长等率武装警卫、警察入澳宣慰同胞，受到1万多澳门各界人士的热烈欢迎。刘绍武在欢迎大会上慷慨激昂地说："中国领土必须完整，澳门应迅速收回，才可符合同胞之愿望。"他的讲话博得同胞们雷鸣般的掌声。

　　但澳门问题仍搁置着，全国人民要求收回澳门的呼声此起彼伏。1946年5月21日，西康省参议会向全国发出快邮代电，要求国民政府立即收回澳门，各省市参议会纷纷响应。1947年4月17日，广东省参议会和民众团体还组成了"广东民众收回澳门活动促进会"。同年6月，广东举行民意测验，有136万人参加，其中70%的民众主张武力收回澳门。国民党政权忙于反共内战，对广大民众收回澳门的要求作出这样的答复："关于收回澳门，参议会曾有此项建议，经外交部核办。据称：目前国际形势之下，此问题一时难以解决。"

新中国对澳门的政策

1949 年中华人民共和国成立后，中国政府曾多次严正申明：香港和澳门是中国的领土，中国不承认帝国主义强加于中国人民的不平等条约。香港和澳门问题是历史上遗留下来的，等待时机成熟时，通过和平谈判解决，在未解决前暂时维持现状。

但是，澳门葡萄牙当局却误以为新中国软弱可欺，一再进行挑衅。1952 年 7 月，澳门葡兵挑起"关闸事件"，把守关闸外的葡兵竟向中国边防军开枪射击，并用大炮轰击拱北中国居民，遭到中国军民的猛烈反击。后经双方谈判，由葡军公开道歉，赔偿损失，并将岗哨撤回关闸澳门一侧，事态才告平息。

1955 年葡萄牙殖民主义者悍然宣布将澳门改称为"澳门省"，隶属于海外部管理。7 月颁布《澳门海外省组织法》，规定澳门总督是最高行政长官，任期 4 年，总揽澳门军政大权。其下设政务委员会，委员 7 人，1/3 由总督指定，1/3 由葡人推选产生。政务委员会之下设民政厅、财政厅、卫生厅、邮政厅、警察厅、市政厅、陆军部和法院等机构，全部由葡萄牙人掌权。他们继而宣布要举办"澳门开埠 400 周年纪念"，大搞庆祝活动，炫耀其殖民澳门的"光荣历史"，还要建立所谓的"殖民澳门纪念碑"，举行澳门总督升像礼等等。

葡萄牙政府这一旨在美化澳门殖民历史、强化澳门殖民机构的做法，激起了中国人民，特别是广东民众和澳门同胞的强烈抗议。同年 10 月 1 日，澳门同胞举行了隆重、热烈、盛大的庆祝国庆 6 周年的各种纪念活动，这是对澳门当局所谓"开埠纪念"的有力嘲讽。港督葛量洪（Alexander Gantham）在北京访问时，周恩来总理就所谓"澳门开埠纪念"严肃地说：中国政府和中国人民不赞成这类庆祝活动，必须要取消。于是，葛量洪立即通过英国驻京使馆将这一重要信息报告伦敦。伦敦方面又将这一信息转达给葡萄牙政府。10 月 26 日《人民日报》发表以《警告澳门葡萄牙当局》为题的评论员文章，严正指出："澳门是中国的领土，中国人民从来没有忘记澳门，也从来没有忘记他们有权利要求从葡萄牙手中收回自己的这块领土。"文章警告澳葡当局要认清形势，指出"现在的中国已经不是 6 年前的中国，更不是 400 年前的中国。……中国人民从来不允许挑衅者得逞，挑衅者必将自食恶果。"在中国人民的强烈抗议和中国政府的严厉警告下，澳门当局最终以经费不足为借口取消了这一"庆祝活动"的计划。

1963 年 3 月 8 日，《人民日报》发表评论员文章，针对国际上有些人指责中国政府没有收回香港和澳门的问题，再次重申了中国政府的立场。文章指出："香港、澳门的问题，是属于历史上遗留下来的帝国主义强加于中国的一系列不平等条约的问题。事实上，历史上的许多条约有的已经失效，有的已经废除，有的则被新的条约所代替。还有一些历史遗留下来悬而未解决的问题，我们一贯主张，在条件成熟的时刻，经过谈判和平解决。在未解决以前维持现状。例如香港、九龙、澳门问题，以及一切未经双方正式划定的边界问题。"

1966年11～12月，澳门葡萄牙当局又制造了流血惨案。凼仔岛的中国居民自筹经费兴办坊众小学，事先未向当局申请而被澳葡行政部门强迫停工。居民派代表与当局交涉，竟遭拘捕，引起各界公愤。他们纷纷到总督府提出抗议，当局出动警察殴打群众，黄昏实行宵禁，射杀3人、打伤45人。12月3日，愤怒的澳门同胞将市政厅广场上象征殖民侵略的、在1849年关闸事件中大肆屠杀中国军民的刽子手梅士基打铜像推倒砸烂。12月5日，当局又在总督府内殴打民众代表引起罢工、罢市。当局出动警察镇压，在连续两天之内，杀死澳门同胞8人，伤107人，逮捕40多人。葡萄牙当局的野蛮暴行引起了澳门同胞的极大愤怒。12月10日，澳门各界举行抗议大会，提出六项要求：立即严惩杀人祸首施维纳等人；立即撤销戒严，保证居住者的人身安全；赔偿群众损失，对死难者举行追悼会；立即公布死难者名单；立即实施凼仔居民办学的要求；公开向澳门同胞认罪并签具认罪书，保证今后不再发生类似事件。

澳门同胞的正义抗争得到了祖国人民的大力支持，全国纷纷举行集会和示威，声援澳门同胞的正义斗争。12月9日，广东省人民政府外事办公室，奉命发表声明，要求葡萄牙当局必须立即无条件接受澳门民众的合理要求，赔礼道歉，严惩主要肇事者；并要求澳门当局将 1963 年 6 月侵入中国水域抢走的 7 名蒋介石特务交还中国政府，保证今后决不允许蒋介石特务在澳门活动。12 月 11 日，《人民日报》再次发表题为《严厉警告澳门葡萄牙当局》的评论员文章，严正指出："对中国方面的严正要求，澳门葡萄牙当局必须立即接受并完全实现。否则，你们必将自食恶果。"

在澳门同胞及全中国人民的抗议怒潮下，澳门当局被迫于 12 月 12 日和 13 日通过广播电台宣布全部接受中国广东省政府和澳门居民提出的要求。随后，澳门总督宣布解除这次事件主要肇事者的职务，包括陆军司令、警察厅长、副厅长、代理海岛行政局长等。20 日，又将抢去的 7 名蒋介石特务交还中国政府。

但是，澳门当局在交给澳门居民的"答复书"中，百般抵赖，推卸责任。因此，澳门居民代表 100 多人举行会议，商讨对策，会上决定对澳门当局采取三条制裁措施：不纳税款；不售卖一切东西给葡萄牙当局机构和官员；市内一切服务机构行业抵制葡籍官员。

1967 年 1 月 29 日，澳门葡萄牙当局终于全部接受了广东省外事办公室提出的四项要求：无条件接受凼仔居民提出的五项要求；无条件接受澳门中华学生联合会 12 月 5 日提出的五项要求；向中国居民赔礼道歉，惩办杀手；切实保证今后不许蒋介石的特务在澳门进行任何活动，交还抢走的蒋介石特务。至此，澳门同胞反对葡萄牙当局的正义斗争，在祖国人民和中国政府的有力支持下，终于取得了完全胜利。

1972 年 3 月，中国常驻联合国代表黄华在致联合国非殖民地化特别委员会主席的信中申明："香港和澳门是被英国和葡萄牙当局占领的中国领土的一部分，解决香港、澳门问题完全是属于中国主权范围内的问题，根本不属于通常的所谓'殖民地'的范畴。"

1978 年 12 月召开的中共十一届三中全会，把"统一祖国"列为 80 年代三件大事之一。毫无疑问，解决澳门问题应该是其中一项重要内容。

1979 年 2 月 8 日，中葡两国政府在巴黎签署的正式建交联合公报申明："两国政府将根据互相尊重主权和领土完整、互不干涉内政和平等互利的原则维持其外交关系。"关于澳门问题，葡萄牙政府承认："澳门是中国的领土，目前由葡国政府管理。这是一个历史上遗留下来的问题，在适当的时期，中葡两国将通过友好协商来解决。"中葡建交为两国政府通过友好协商解决澳门问题奠定了基础。

③ 中葡联合声明的签署

1984 年，中英两国通过外交谈判解决了香港问题。中葡两国通过谈判解决澳门问题的条件已经成熟。1986 年 6 月 30 日，中葡两国正式开始谈判，历时 9 个月。会谈共进行四轮，均在北京钓鱼台国宾馆进行。谈判过程中，双方以中葡两国友好关系的大局为重，从澳门的历史和现实出发，互谅互让，平等协商，在友好的气氛中达成协议，圆满解决了这一历史上遗留下来的问题。

1987 年 4 月 13 日，中葡两国政府在北京正式签署了《中华人民共和国和葡萄牙共和国关于澳门问题的联合声明》及其附件。1988 年 1 月 15 日，两国政府在北京互换了《联合声明》及其附件的批准书，《联合声明》正式生效，澳门从此进入过渡时期。

《联合声明》除序言外，共有七条，主要分为三部分。

第一部分，中葡两国政府共同声明澳门地区是中国领土，中国政府自 1999 年 12 月 20 日恢复对澳门行使主权。

第二部分共 12 款，详列中国政府根据"一个国家、两种制度"的方针对澳门执行的基本政策，而这些政策，在附件一中又得到具体的说明。其中包括：

——根据中华人民共和国宪法第 31 条的规定，中国对澳门恢复行使主权时，设立中华人民共和国澳门特别行政区，直辖于中央人民政府，除外交和国防事务属于中央人民政府管理外，享有高度自治权。

——澳门特别行政区享有行政管理权、立法权、独立的司法权和终审权；政府和立法机构均由当地人组成；原在澳门任职的中国籍和葡国籍及其他外籍公务（包括警务）人员可以留用。

——澳门现行的社会、经济制度不变；生活方式不变；法律基本不变。

——澳门特别行政区政府机关、立法机关和法院，除使用中文外，还可使用葡文；在澳门的葡萄牙后裔居民的利益将依法得到保护。

　　——澳门特别行政区可同葡萄牙和其他国家建立互利的经济关系；可以"中国澳门"名义单独同各国、各地区及有关国际组织保持和发展经济文化关系，并签订有关协定；可以自行签发出入澳门的旅行证件；除悬挂中华人民共和国国旗和国徽外，还可使用区旗区徽。

　　——澳门特别行政区将继续作为自由港和单独关税地区进行经济活动；保持财政独立，中央人民政府不向澳门特别行政区征税。

　　中华人民共和国还声明，上述基本政策和《联合声明》附件一所作的具体说明，将由中华人民共和国澳门特别行政区基本法规定之，50年不变。

　　第三部分，中葡两国政府就澳门过渡时期的一些事项及《联合声明》的实施问题的声明。包括规定自《联合声明》生效之日起至1999年12月19日止的过渡时期内，葡国政府负责澳门的行政管理，继续促进澳门的经济发展和保持其社会稳定，中华人民共和国政府对此将给予合作。还决定成立中葡联合联络小组及中葡土地小组，处理有关事务等。

　　两个附件是中葡《联合声明》的组成部分。附件一：《中华人民共和国政府对澳门的基本政策的具体说明》，共14节。内容是我国政府在《联合声明》中对澳门基本政策的逐一地具体说明，是我国政府所作的国际承诺，其内容将纳入澳门特别行政区《基本法》条文内，在1999年12月20日中国政府对澳门行使主权后，作为国内法付诸实施。附件二：《关于过渡时期的安排》，主要是明确过渡时期成立中葡联络小组和中葡土地小组的目的，以及这两个小组的性质、职责、组成和运作。

在签署《联合声明》时，双方交换了各自的《备忘录》，与中葡《联合声明》同时发表。双方各自在《备忘录》中申明对澳门居民旅行证件的立场，葡方在其《备忘录》中声明："现按照葡萄牙立法，在 1999 年 12 月 19 日因具有葡萄牙公民资格而持有葡萄牙护照的澳门居民，该日后可继续使用之。自 1999 年 12 月 20 日起，任何人不得由于同澳门的关系而取得葡萄牙公民资格。"中方在《备忘录》中声明："澳门居民凡符合中华人民共和国国籍法者，不论是否持有葡萄牙旅行证件或身份证件，均具有中国公民资格。""在澳门特别行政区成立后，中华人民共和国政府主管部门允许原持有葡萄牙旅行证件的澳门中国公民，继续使用该证件去其他国家和地区旅行。上述中国公民在澳门特别行政区和中华人民共和国其他地区不得享受葡萄牙的领事保护。"

中葡《联合声明》的正式签署，确认了中华人民共和国于 1999 年 12 月 20 日对澳门恢复行使主权，圆满地解决了中葡两国之间历史上遗留下来的问题，并对澳门未来的社会稳定和经济发展作出了相应的安排，完全符合包括澳门同胞在内的中国人民和葡萄牙人民的愿望和利益。封建王朝、北洋军阀和国民党政府没能做到的事，中华人民共和国政府做到了。中葡《联合声明》是一个历史性的文件。该文件的签署作为 20 世纪 80 年代具有深远意义的重大事件而永载史册。

澳门基本法的制定

1993 年 3 月 31 日，七届全国人大第一次会议审议通过并颁布的《中华人民共和国澳门特别行政区基本法》（以下简称澳门基本法），是中国政府遵循邓小平同志倡导的"一个国家，两种制度"的伟大构想，为确保澳门地区长期繁荣稳定而采取的一项根本性措施；也是中国人民社会生活中一件具有重大历史意义和国际意义的大事。

澳门基本法的制定 澳门基本法的制定，是中国政府继香港基本法之后，又一以法律形式将"一国两制"方针具体化的成功实践。

1988 年 4 月，七届全国人大第一次会议决定成立一个人大属下的工作机构——澳门基本法起草委员会，负责澳门基本法的起草工作。同年 9 月 5 日，七届全国人大常委会第三次会议通过并颁布了澳门基本法起草委员会名单。委员由内地和澳门各方面人士及专家 48 人组成，姬鹏飞任主任委员，胡绳、王汉斌、马万祺、何鸿燊、雷洁琼、钱伟长、何厚铧、薛寿主、李后、周鼎任副主任委员，鲁平任秘书长。委员中，内地 26 人，澳门 22 人（包括 3 名中国政府驻澳机构负责人）。委员中不但有有关部门负责人，也有法律、工商、劳工、专业、教育、新闻及宗教等各界代表人士，还有两名著名的澳门土生葡人代表，代表性十分广泛。
10 月 25 日起草委员会举行首次会议，通过了起草工作
的大体规划和步骤，并委托在澳门的起草委员筹组一
个民间性的基本法咨询委员会，广泛收集澳门居民的
意见和建议。

基本法的起草工作受到澳门同胞的热烈欢迎和普
遍关注。他们以各种不同方式积极参与这一伟大实践，
或撰文，或研讨，或座谈。各个社团纷纷成立了基本
法的关注委员会，并推荐其代表担任咨询委员。最后
经过反复磋商，从工商界、金融地产界、法律界、专
业人士、传播媒介、劳工及社会服务团体、宗教界及
其他 8 个界别中邀请 90 位人士担任咨询委员。1989 年
5 月 28 日，澳门基本法咨询委员会宣告成立，并选举
出常委会及 3 个职能委员会，即工作程序委员会、专
题小组委员会和财务审计委员会。咨询委员会还聘请
了澳门 12 位著名人士担任顾问。

1989 年 5 月 9～10 日，澳门基本法起草委员会第
二次全体会议在北京举行。会议审查通过了《中华人
民共和国澳门特别行政区基本法起草委员会工作规
划》，会议还就基本法的结构和内容初步交换了意见和
看法，并决定成立以秘书长鲁平为召集人，由胡厚诚、
刘焯华、许崇德、肖蔚云、吴荣恪、吴建璠、黄汉强
参加组成基本法结构（草案）起草小组，负责起草澳
门基本法结构（草案）。

同年 9 月，结构起草小组的内地委员到澳门进行
为期 13 天的咨询工作。在咨询委员会帮助下，访问了

工厂、学校、居民区，与各界代表举行了 13 次座谈会，广泛听取了咨询委员及各界代表的意见和建议。在对这些意见和建议进行认真研究的基础上，于 10 月下旬拟订了《澳门基本法结构（草案）讨论稿》，再广泛征求各方面的意见后进行修改。

1989 年 11 月 18～20 日，澳门基本法起草委员会第三次全体会议在广州举行。会议审查通过了《中华人民共和国澳门特别行政区基本结构（草案）》和《中华人民共和国澳门特别行政区基本法起草委员会关于设立专题小组的决定》，成立了中央和澳门特别行政区关系、居民的基本权利和义务、政治体制、经济、文化和社会事务 5 个专题小组。

从这时起，到 1991 年 7 月起草委员会第七次全体会议为止，经过长达 21 个月的工作，起草委员会先后举行 4 次全体会议；5 个专题小组共举行了 55 次小组会议；16 名内地委员先后两次到澳门听取各界人士的意见；澳门的咨询委员先后三批组团赴内地反映澳门各界的意见。在上述工作的基础上，1991 年 7 月的起草委员会第七次全体会议上通过了《关于公布〈中华人民共和国澳门特别行政区基本法（草案）征求意见稿〉和展开征询工作的决定》，决定以 4 个月的时间广泛征求内地及澳门各界的意见。

同年 9 月，起草委员会的内地委员再次到澳门直接听取各界人士对征求意见稿的意见。这年 10 月，澳门的咨询委员会组织了第四批交流参观团到北京，向起草委员会直接反映澳门居民对征求意见稿的意见和建议。在 4 个月的咨询期内，澳门基本法咨询委员会收集到各种意见书 326 份，具体的意见 1734 条。咨询委员会将这些意见整理后原原本本送达起草委员会，成为起草委员会进一步修改和完善基本法条文的重要参考依据。

1992 年 3 月 5 ~ 8 日，澳门基本法起草委员会第八次全体会议在广州举行。会议审议了秘书长鲁平所作的《澳门特别行政区基本法（草案）讨论稿的说明》和 5 个专题小组的工作报告。会议以无记名投票表决的方式逐条地通过了澳门基本法草案，然后提交全国人大常委会审议和颁布。

1992 年 3 月 16 日，全国人大常委会通过并颁布了《澳门特别行政区基本法（草案）》，并决定从 3 月 16 日至 7 月 31 日在全国范围内展开为期 4 个半月的第二轮咨询工作。在咨询期内，基本法起草委员会主任姬鹏飞率领内地委员访问团于 5 月 16 日到达澳门，进行为期 8 天的访问，同澳门各界人士广泛接触，认真听取意见和建议。这些意见总的认为，澳门基本法（草案）是在经过多次广泛听取澳门居民的意见、集思广益的基础上形成的，集中了全国人民和澳门同胞的智慧，体现了"一国两制"的方针和中葡《联合声明》的精神，既维护了国家主权，又照顾到澳门的历史和现状，确保了澳门特别行政区享有高度的自治权，同时照顾到了土生葡人的利益，因而反映了澳门居民的愿望和要求。

第二轮咨询期结束后，澳门基本法起草委员会 5

个专题小组于 1992 年 9 月 23 ~ 28 日在兰州举行会议，对基本法（草案）再次进行了认真的修改，使之更加完善。

1992 年 12 月 8 ~ 9 日，澳门基本法起草委员会在京举行第三次主任委员扩大会议，听取和讨论 5 个专题小组提交的工作报告及秘书长鲁平关于基本法（草案）修改建议的说明。

1993 年 1 月 13 ~ 15 日，澳门基本法起草委员会第九次、也是最后一次全体会议在北京举行。会议总结了 4 年来的工作进程，分别听取了 5 个专题小组的工作报告和秘书长鲁平的关于基本法（草案）修改建议的说明以及区旗、区徽评选委员会的工作报告。经过分组讨论和专题小组讨论，大会共收到 26 份修改提案。在 1 月 15 日的全体会议上进行逐条表决，以 2/3 以上多数票通过的修改条文取代了原来的条文。会议还通过了区旗、区徽设计图案（草案）和提请第八届全国人大第一次会议审议澳门基本法的决定。

会议结束后的第二天，国家领导人江泽民、李鹏、万里、乔石和李瑞环等在人民大会堂接见了澳门基本法起草委员会全体委员。全国人大常委会委员长万里设宴款待了全体起草委员。这样，历时 4 年之久的澳门基本法起草工作终于圆满地结束了。

1993 年 3 月 20 日，起草委员会主任姬鹏飞向第八届全国人大第一次会议作《关于中华人民共和国澳门特别行政区基本法（草案）和有关文件起草工作的说明》的报告。3 月 31 日，八届全国人大第一次会议审

议通过了《中华人民共和国澳门特别行政区基本法》
及其附件，以及澳门特别行政区的区旗、区徽图案。
同日，国家主席江泽民以第 3 号主席令正式颁布了
《中华人民共和国澳门特别行政区基本法》。随后，由
五星、莲花、大桥、海水组成的图案作为澳门特别行
政区的区旗和区徽，也在这一天由全国人大正式颁布。

至此，澳门基本法的起草工作全部结束。

澳门基本法的主要内容　澳门基本法内容包括：
序言；第一章：总则；第二章：中央和澳门特别行政
区的关系；第三章：居民的基本权利和义务；第四章：
政治体制；第五章：经济；第六章：文化和社会事务；
第七章：对外事务；第八章：基本法的解释和修改；
第九章：附则。全文共 145 条。另有三个附件。附件
一：《澳门特别行政区长官的产生办法》；附件二：《澳
门特别行政区立法会的产生办法》；附件三：《在澳门
特别行政区实施的全国性法律》。

澳门基本法是一部具有伟大历史意义的法律文件，
具有鲜明的特点和丰富的内容，其主要方面略述如下。

基本法充分体现了"一国两制"和高度自治、"澳
人治澳"的方针。　基本法总则明确规定：澳门是中
华人民共和国不可分离的部分。1999 年后设立的澳门
特别行政区，是一个享有高度自治权的地方行政区域，
直辖于中央人民政府。这些规定体现了国家主权和领
土完整，但除了国防和外交事务外，以澳门特区政府
享有高度的自治权，包括广泛的行政管理权、立法权、
独立的司法权和终审权，明确规定了"澳人治澳"的

原则，并按照"一国两制"方针，不在澳门实行社会主义制度和政策，保持原有的资本主义制度和生活方式，50年不变等等。

除了总则上述规定外，其余各章也具体规定：中央人民政府负责管理与澳门有关的外交事务；负责澳门的防务；任免澳门特别行政区的行政长官、政府主要官员和检察长。澳门特区政府应自行立法禁止任何叛国、分裂国家、煽动叛乱、颠覆中央人民政府及窃取国家机密的行为，禁止外国的政治性组织或团体在澳门特别行政区进行政治活动。澳门特区政府负有维护国家统一和安全的义务。同时，基本法明确规定，澳门特区政府享有高度的自治权，包括十分广泛的行政管理权、立法权、独立司法权和终审权。

行政管理方面，可以自行处理特区的行政事务，自行制订财政、税收、金融、贸易、工商、文化、教育、科技、体育、卫生、社会福利、社会治安等方面的政策。规定澳门的财政独立，收入全部由澳门自行支配，不上缴中央人民政府，中央政府不在澳门征税，特区政府实行独立的税收制度，自行制订货币金融政策，保障金融市场和各种金融机构的经营自由，并依法进行管理和监督。澳门元作为法定货币，继续自由流通，发行权属特区政府。澳门不实行外汇托管制度，澳门元自由兑换。基本法还规定澳门实行自由贸易政策，保护私有财产权、保护外来投资。作为独立关税区的地位不变，可以继续以"中国澳门"的名义参加《关税和贸易总协定》、参加关于国际纺织品贸易安排等有关国际组织和国际贸易协定。此外，澳门可自行制定工商界发展政策，制定旅游娱乐政策（包括继续经营赌博、赛马、赛狗等行业以吸引外来游客）等等。

立法权方面，在不抵触基本法前提下，可自行制定、修改、暂停实施和废除法律。

司法方面，澳门特区政府享有独立的司法权。除涉及政治、外交等国家行为的案件外，对其他案件均有审判权和终审权。司法独立进行审判，不受任何干涉。司法人员履行审判职责的行为不受法律追究。

基本法还规定，各省、市、自治区如需在澳门设立机构，须征得澳门特区政府的同意并报中央人民政府批准。

切实保障澳门居民享有广泛的权利和自由。在政治权利方面，澳门居民享有选举权和被选举权，享有言论、新闻、出版的自由，结社、集会、游行和示威的自由，组织和参加工会、罢工的权利和自由。

在法律权利方面，澳门居民在法律面前一律平等，不因国籍、血统、种族、性别、语言、宗教、政治或思想信仰、文化程度、经济状况或社会条件而受到歧视。除按法律规定为犯罪和应受到惩处外，不受刑罚处罚。在被指控犯罪时，有尽早接受法院审判的权利，在法院判罪之前均假定无罪。有权向法院提出诉讼，请律师帮助保护自己的合法权益，以及获得司法补救的权利；有权对行政部门和行政人员的行为向法院提出诉讼等。

在人身自由及人格尊严方面，澳门居民的人身自由不受侵犯；不受任意或非法的逮捕、拘留、监禁。对任意或非法的拘留、监禁，居民有权向法院申请颁发人身保护令，禁止非法搜查居民的身体、剥夺或者限制居民的人身自由；禁止施行酷刑或非人道行为；澳门居民的人格尊严不受侵犯，禁止用任何方法对居民进行侮辱、诽谤和诬告陷害；居民享有个人的名誉权、私人生活和家庭生活的隐私权。

在其他自由方面，澳门居民的住宅及其房屋不受侵犯；通讯自由和通讯秘密受法律保护；有宗教信仰的自由，有公开传教和举行、参加宗教活动的自由；有选择职业和工作的自由；有迁徙、移居其他国家和地区的自由；有旅行和出入境的自由等。

在文化和社会权利方面，澳门居民享有从事教育、学术研究、文学艺术创作和其他文化活动的自由；居民婚姻、成立家庭和自愿生育受法律保护；居民有依法享受社会福利的权利。劳工的福利待遇和退休保障受法律保护等。

此外，基本法还规定《公民权利和政治权利国际公约》、《经济、社会与文化权利的国际公约》和国际劳工公约适用于澳门的有关规定，继续有效，通过澳门特别行政区的法律予以实施。

实行行政、立法和司法互相制衡、互相配合的政治制度，循序渐进地发扬民主。基本法规定行政长官有权解散立法会，但立法会也有权弹劾行政长官；规定行政机关需对立法机关负责，执行立法会通过并已生效的法律，向立法会作施政报告，答复立法会议员的咨询。立法会有权就自治范围内的所有事项立法。司法机关独立进行审判，只服从法律，不受任何干涉。这就既保证了权力的不被滥用，又防止互相扯皮、效率低下。

澳门原没有什么民主可言。基本法考虑到澳门的历史和现状，作了一些具体规定，有步骤地开展民主政治。如规定首任行政长官、第一届特区政府和立法会产生办法时，明确规定了由工商界、宗教界、政界等各方面的代表组成与参与，照顾到了澳门各个不同界别和阶层的利益。如规定行政长官由当地人、通过选举或协商产生，报中央人民政府任命；规定立法会成员多数由选举产生，部分由行政长官委任，由选举产生的议员的比例逐步增加等。通过各种不同意见的交换和不同利益的协调，防止社会矛盾的激化，保证有一个稳定的社会和政治局面，促进澳门经济的发展。

⑤ 澳门回到祖国怀抱

澳门基本法颁布后，澳门回归的步伐进一步加快。经过广泛的酝酿、征求意见，1998 年 4 月，全国人大九届二次会议通过了全国人民代表大会常务委员会澳门特别行政区筹备委员会组成人员名单，共 100 名，其中澳门委员 60 人，内地委员 40 人，国务院副总理钱其琛为主任委员。

筹委会成立后，即根据基本法和全国人大及其常务委员会的有关决定，紧张而有序地开展各项筹备工作。1999年4月，经选举产生了由200人组成的澳门特别行政区第一届政府推选委员会；同年5月，以无记名投票方式选举何厚铧为澳门特别行政区第一任行政长官；5月20日，国务院总理朱镕基主持国务院全体会议，根据推选委员会的选举结果，任命何厚铧为第一任澳门特区行政长官，随即朱镕基总理签署了任命何厚铧为第一任行政长官的国务院第264号令。同年8月，国务院根据何厚铧的提名，任命了特区7名主要官员和检察长，9月又委任了行政会的10名主要官员，组建起行政会；也是在9月，何厚铧根据基本法，委任了7名立法会成员，第一届立法会成立；10月，何厚铧又委任了特区检察院的22名检察官，特区司法机关筹组完成。在这同时，有关法律、经济、社会文化等方面的筹备工作也先后完成。

至此，澳门回归及特区政府的筹组、准备工作基本完成，激动人心的时刻就要来临！

1999年12月19日晚，澳门新口岸靠海边的临时场馆，2500名海内外各界代表，在装饰一新的长条形大礼堂观礼区就座。正对观礼区的礼台区，布置得庄严肃穆，台前竖着四根高高的旗杆，台后正中墙壁两侧分别悬挂着中葡两国国旗。

11时45分，在嘹亮的礼号声中，中国国家主席江泽民、国务院总理朱镕基等，葡萄牙总统桑帕约、最后一任澳督韦立奇等，分别在礼台前就座。澳门政权交接仪式正式开始。

葡萄牙总统桑帕约首先致辞。11时55分，一阵礼号声后，红绿两色、中有盾形图案的葡萄牙国旗以及澳葡政权旗帜缓缓降下。12 月 20 日零时，随着高亢、激昂的中华人民共和国国歌声的响起，鲜艳的五星红旗及澳门特区莲花区旗徐徐升上高高的旗杆。随后，江泽民主席发表了简短的讲话。

简朴、庄严的政权交接仪式结束后，20 日凌晨 1 时 30 分，澳门特别行政区成立暨宣誓就职仪式在澳门综艺馆隆重举行。以澳门特区首任行政长官何厚铧为首的澳门特区政府主要官员一一宣誓就职。江泽民主席发表了热情洋溢的讲话，祝贺特区政府的成立。

与此同时，中国人民解放军驻澳门特区部队正式进驻澳门，开始担负起澳门的防务职责；中华人民共和国外交部驻澳门特区特派员公署也于同日正式开始履行自己的职责。

这是一个中国人民企盼了 400 多年的历史时刻，是令炎黄子孙热血沸腾的时刻。澳门——这个长年漂泊在外的"游子"，终于回到了祖国母亲的怀抱！

参考书目

1. 印光任、张汝霖撰《澳门记略》。

2. 陈澧编《香山县志》，光绪五年修。

3. 张天泽译《中葡早期通商史》，中华书局，1987。

4. 李鹏翥著《澳门古今》，三联书店（香港）有限公司、澳门星光出版社，1986。

5. 戴裔煊著《明史佛郎机传笺证》，中国社会科学出版社，1984。

6. 费成康著《澳门四百年》，上海人民出版社，1988。

7. 邓开颂、黄启臣著《澳门港史资料汇编（1553～1987）》，广东人民出版社，1991。

8. 黄鸿钊著《澳门史纲要》，福建人民出版社，1991。

9. 黄启臣著《澳门历史（远古～1840）》，澳门历史学会，1995。

10. 邓开颂著《澳门历史（1840～1949）》，澳门历史学会，1995。

《中国史话》总目录

系列名	序号	书名	作者
物质文明系列（10种）	1	农业科技史话	李根蟠
	2	水利史话	郭松义
	3	蚕桑丝绸史话	刘克祥
	4	棉麻纺织史话	刘克祥
	5	火器史话	王育成
	6	造纸史话	张大伟　曹江红
	7	印刷史话	罗仲辉
	8	矿冶史话	唐际根
	9	医学史话	朱建平　黄　健
	10	计量史话	关增建
物化历史系列（28种）	11	长江史话	卫家雄　华林甫
	12	黄河史话	辛德勇
	13	运河史话	付崇兰
	14	长城史话	叶小燕
	15	城市史话	付崇兰
	16	七大古都史话	李遇春　陈良伟
	17	民居建筑史话	白云翔
	18	宫殿建筑史话	杨鸿勋
	19	故宫史话	姜舜源
	20	园林史话	杨鸿勋
	21	圆明园史话	吴伯娅
	22	石窟寺史话	常　青
	23	古塔史话	刘祚臣

系列名	序号	书名	作者
物化历史系列（28种）	24	寺观史话	陈可畏
	25	陵寝史话	刘庆柱　李毓芳
	26	敦煌史话	杨宝玉
	27	孔庙史话	曲英杰
	28	甲骨文史话	张利军
	29	金文史话	杜　勇　周宝宏
	30	石器史话	李宗山
	31	石刻史话	赵　超
	32	古玉史话	卢兆荫
	33	青铜器史话	曹淑芹　殷玮璋
	34	简牍史话	王子今　赵宠亮
	35	陶瓷史话	谢端琚　马文宽
	36	玻璃器史话	安家瑶
	37	家具史话	李宗山
	38	文房四宝史话	李雪梅　安久亮
制度、名物与史事沿革系列（20种）	39	中国早期国家史话	王　和
	40	中华民族史话	陈琳国　陈　群
	41	官制史话	谢保成
	42	宰相史话	刘晖春
	43	监察史话	王　正
	44	科举史话	李尚英
	45	状元史话	宋元强
	46	学校史话	樊克政
	47	书院史话	樊克政
	48	赋役制度史话	徐东升
	49	军制史话	刘昭祥　王晓卫

系列名	序号	书名	作者
制度、名物与史事沿革系列（20种）	50	兵器史话	杨毅 杨泓
	51	名战史话	黄朴民
	52	屯田史话	张印栋
	53	商业史话	吴慧
	54	货币史话	刘精诚 李祖德
	55	宫廷政治史话	任士英
	56	变法史话	王子今
	57	和亲史话	宋超
	58	海疆开发史话	安京
交通与交流系列（13种）	59	丝绸之路史话	孟凡人
	60	海上丝路史话	杜瑜
	61	漕运史话	江太新 苏金玉
	62	驿道史话	王子今
	63	旅行史话	黄石林
	64	航海史话	王杰 李宝民 王莉
	65	交通工具史话	郑若葵
	66	中西交流史话	张国刚
	67	满汉文化交流史话	定宜庄
	68	汉藏文化交流史话	刘忠
	69	蒙藏文化交流史话	丁守璞 杨恩洪
	70	中日文化交流史话	冯佐哲
	71	中国阿拉伯文化交流史话	宋岘

系列名	序号	书　名	作　者
思想学术系列（21种）	72	文明起源史话	杜金鹏　焦天龙
	73	汉字史话	郭小武
	74	天文学史话	冯　时
	75	地理学史话	杜　瑜
	76	儒家史话	孙开泰
	77	法家史话	孙开泰
	78	兵家史话	王晓卫
	79	玄学史话	张齐明
	80	道教史话	王　卡
	81	佛教史话	魏道儒
	82	中国基督教史话	王美秀
	83	民间信仰史话	侯　杰
	84	训诂学史话	周信炎
	85	帛书史话	陈松长
	86	四书五经史话	黄鸿春
	87	史学史话	谢保成
	88	哲学史话	谷　方
	89	方志史话	卫家雄
	90	考古学史话	朱乃诚
	91	物理学史话	王　冰
	92	地图史话	朱玲玲
文学艺术系列（8种）	93	书法史话	朱守道
	94	绘画史话	李福顺
	95	诗歌史话	陶文鹏
	96	散文史话	郑永晓
	97	音韵史话	张惠英
	98	戏曲史话	王卫民
	99	小说史话	周中明　吴家荣
	100	杂技史话	崔乐泉

系列名	序号	书名	作者
社会风俗系列（13种）	101	宗族史话	冯尔康　阎爱民
	102	家庭史话	张国刚
	103	婚姻史话	张　涛　项永琴
	104	礼俗史话	王贵民
	105	节俗史话	韩养民　郭兴文
	106	饮食史话	王仁湘
	107	饮茶史话	王仁湘　杨焕新
	108	饮酒史话	袁立泽
	109	服饰史话	赵连赏
	110	体育史话	崔乐泉
	111	养生史话	罗时铭
	112	收藏史话	李雪梅
	113	丧葬史话	张捷夫
近代政治史系列（28种）	114	鸦片战争史话	朱谐汉
	115	太平天国史话	张远鹏
	116	洋务运动史话	丁贤俊
	117	甲午战争史话	寇　伟
	118	戊戌维新运动史话	刘悦斌
	119	义和团史话	卞修跃
	120	辛亥革命史话	张海鹏　邓红洲
	121	五四运动史话	常丕军
	122	北洋政府史话	潘　荣　魏又行
	123	国民政府史话	郑则民
	124	十年内战史话	贾　维
	125	中华苏维埃史话	杨丽琼　刘　强
	126	西安事变史话	李义彬
	127	抗日战争史话	荣维木

系列名	序号	书名	作者	
近代政治史系列（28种）	128	陕甘宁边区政府史话	刘东社	刘全娥
	129	解放战争史话	朱宗震	汪朝光
	130	革命根据地史话	马洪武	王明生
	131	中国人民解放军史话	荣维木	
	132	宪政史话	徐辉琪	付建成
	133	工人运动史话	唐玉良	高爱娣
	134	农民运动史话	方之光	龚 云
	135	青年运动史话	郭贵儒	
	136	妇女运动史话	刘 红	刘光永
	137	土地改革史话	董志凯	陈廷煊
	138	买办史话	潘君祥	顾柏荣
	139	四大家族史话	江绍贞	
	140	汪伪政权史话	闻少华	
	141	伪满洲国史话	齐福霖	
近代经济生活系列（17种）	142	人口史话	姜 涛	
	143	禁烟史话	王宏斌	
	144	海关史话	陈霞飞	蔡渭洲
	145	铁路史话	龚 云	
	146	矿业史话	纪 辛	
	147	航运史话	张后铨	
	148	邮政史话	修晓波	
	149	金融史话	陈争平	
	150	通货膨胀史话	郑起东	
	151	外债史话	陈争平	
	152	商会史话	虞和平	
	153	农业改进史话	章 楷	
	154	民族工业发展史话	徐建生	
	155	灾荒史话	刘仰东	夏明方
	156	流民史话	池子华	
	157	秘密社会史话	刘才赋	
	158	旗人史话	刘小萌	

系列名	序号	书　名	作　者
近代中外关系系列（13种）	159	西洋器物传入中国史话	隋元芬
	160	中外不平等条约史话	李育民
	161	开埠史话	杜　语
	162	教案史话	夏春涛
	163	中英关系史话	孙　庆
	164	中法关系史话	葛夫平
	165	中德关系史话	杜继东
	166	中日关系史话	王建朗
	167	中美关系史话	陶文钊
	168	中俄关系史话	薛衔天
	169	中苏关系史话	黄纪莲
	170	华侨史话	陈　民　任贵祥
	171	华工史话	董丛林
近代精神文化系列（18种）	172	政治思想史话	朱志敏
	173	伦理道德史话	马　勇
	174	启蒙思潮史话	彭平一
	175	三民主义史话	贺　渊
	176	社会主义思潮史话	张　武　张艳国　喻承久
	177	无政府主义思潮史话	汤庭芬
	178	教育史话	朱从兵
	179	大学史话	金以林
	180	留学史话	刘志强　张学继
	181	法制史话	李　力
	182	报刊史话	李仲明
	183	出版史话	刘俐娜

系列名	序号	书名	作者
近代精神文化系列 （18种）	184	科学技术史话	姜　超
	185	翻译史话	王晓丹
	186	美术史话	龚产兴
	187	音乐史话	梁茂春
	188	电影史话	孙立峰
	189	话剧史话	梁淑安
近代区域文化系列 （一一种）	190	北京史话	果鸿孝
	191	上海史话	马学强　宋钻友
	192	天津史话	罗澍伟
	193	广州史话	张　苹　张　磊
	194	武汉史话	皮明庥　郑自来
	195	重庆史话	隗瀛涛　沈松平
	196	新疆史话	王建民
	197	西藏史话	徐志民
	198	香港史话	刘蜀永
	199	澳门史话	邓开颂　陆晓敏　杨仁飞
	200	台湾史话	程朝云